2022

Monitoring Report of the Collective Forest Tenure Reform

集体林权制度改革监测报告

国家林业和草原局"集体林权制度改革监测"项目组 | 著

中国林业出版社

图书在版编目（CIP）数据

2022集体林权制度改革监测报告 / 国家林业和草原局"集体林权制度改革监测"项目组著 . — 北京 : 中国林业出版社 , 2023.12

ISBN 978-7-5219-2543-2

Ⅰ . ① 2… Ⅱ . ①国… Ⅲ . ①集体林－产权制度改革－研究－中国－ 2022 Ⅳ . ① F326.22

中国国家版本馆 CIP 数据核字（2024）第 018674 号

策划编辑：李　敏
责任编辑：王　越
责任校对：王美琪
书籍设计：北京美光设计制版有限公司

出版发行：中国林业出版社
　　　　　（100009，北京市西城区刘海胡同7号，电话 010-83143628　83143575）
电子邮箱：cfphzbs@163.com
网　　址：https://www.cfph.net
印　　刷：北京中科印刷有限公司
版　　次：2023年12月第1版
印　　次：2023年12月第1次印刷
开　　本：889mm×1194mm　1/16
印　　张：8.25
字　　数：201千字
定　　价：100.00元

前　言

2023 年 9 月 25 日，中共中央办公厅、国务院办公厅印发《深化集体林权制度改革方案》（以下简称《方案》），系统谋划了新时代集体林权制度改革发展的新蓝图，明确提出深化集体林权制度改革的总体要求，部署推进集体林地"三权分置"、发展林业适度经营规模、加强森林经营、保障林木所有权权能、支持产业发展、完善生态产品价值实现机制、加大金融支持力度、妥善解决历史遗留问题 8 项重点任务和组织领导、试点探索、队伍建设、监督考核 4 项保障措施，着力推动集体林综合效益提升，实现生态美、百姓富的有机统一。

《方案》是党的二十大以来，中共中央、国务院针对林业改革发展出台的第一个重要文件，贯穿生态保护与绿色发展理念，坚持高质量发展和高水平保护统筹推进，对建设人与自然和谐共生的中国式现代化具有重要意义。为深化集体林权制度改革决策提供系统、全面、及时和可靠的支撑，国家林业和草原局发展研究中心于 2023 年赴全国 9 个省区 22 个案例县，开展集体林权制度改革监测调研，并深入开展专题调研，总结典型案例和地方实践经验，为推动《方案》出台和落实提供了智力支撑。

2022 年集体林权制度改革监测报告采用"主报告与专题调研报告"方式，强化总结提炼地方改革实践经验，梳理存在的客观问题，提出具有针对性的政策建议，为推动持续深化改革提供相关思路与路径。期望本书的出版对关心和支持集体林权制度改革监测的读者有所帮助，也欢迎大家提出宝贵的意见和建议，不断完善监测报告的编写工作。

本书编写组
2023 年 10 月

目 录

2022

集体

林权制度改革推动
实现共同富裕

党的二十大报告提出，中国式现代化是全体人民共同富裕的现代化。建设人与自然和谐共生的中国式现代化需要深化集体林权制度改革。2021年3月23日，习近平总书记在福建三明考察时指出，三明集体林权制度改革探索很有意义，要坚持正确改革方向，尊重群众首创精神，积极稳妥推进集体林权制度创新，探索完善生态产品价值实现机制，力争实现新的突破。

为探索有助于推动实现共同富裕的集体林权制度政策设计，国家林业和草原局发展研究中心聚焦集体林权制度改革（以下简称"集体林改"）的增收效应及其成果共享等问题，开展了调查研究。

🌲 调研概况与总体评价

一、调研概况

2022年6~8月，采用分层随机抽样技术，综合考虑社会经济发展水平、地域分布、森林资源和林权改革情况等因素，选取河南、辽宁、四川、山东、广西、江西、湖南、浙江和福建等9个省份，每个省份选取2个县，每个县随机选取3个乡镇，每个乡镇随机选择3个行政村，每个行政村随机抽取15个农户进行访问。同时，我们将本年度数据与国家林业和草原局发展研究中心"中国集体林权制度改革相关政策问题"研究团队前期6次跟踪调研建立的数据库进行整合对接，最终形成2007—2021年的长期大样本数据。基于跨期可比性的考量，剔除观测值观测时点不全和调查问卷信息前后矛盾的样本，经过数据整理后最终形成1128个农户的调查数据。利用农村居民消费价格指数和农村生产资料价格指数，把相关变量的数据折算成1994年不变价。

二、农户对集体林改推动共同富裕的总体评价

（一）样本农户对集体林改情况的评价

依据农户问卷调查的统计结果显示：样本农户对集体林改政策的评价基本上是满意的。如图1-1所示，有86%的样本农户认为集体林改是一项利民政策，有13%的样本农户对集体林改政策的认可程度比较一般，仅有1%的样本农户认为集体林改在基层的落实成效不尽如人意。

接下来，在已经参与集体林改的样本农户中，林权改革对大部分样本农户家庭产生了积极影响。如图1-2所示，有79%的样本农户认为集体林改对其具有积极影响，而有21%的样本农户认为集体林改并未给其家庭带来任何益处。

那么，集体林改对样本农户产生积极和消极影响的成因是什么呢？我们在农户调查问卷中设置"集体林改对您家的主要好处是什么？"这一问题，图1-3显示，绝大多数样本农户认为，集体林改后，经营林地增加了家庭收入和家庭所拥有的财产，其比例分别为39%和36%。其他原因包括享受了公益林补贴、林地经营面积扩大形成一定规模、林地流转增加了家庭收入和集体林改减少了税费支出，其比例分别为13%、9%、2%和1%。

接下来，我们在调查问卷中设置"集体林改对您家没有好处的原因是什么？"这一问题，图1-4显示，绝大多数样本农户认为，集体林改后林地经营收益不好以及林地规模小甚至没有分到林地，造成集体林改并未给其家庭带来积极成效，其比例分别为32%和30%。其他原因包括农户对林业生产经营缺乏兴趣、林地流转收入低以及其他相关因素，其比例分别为26%、5%和7%。

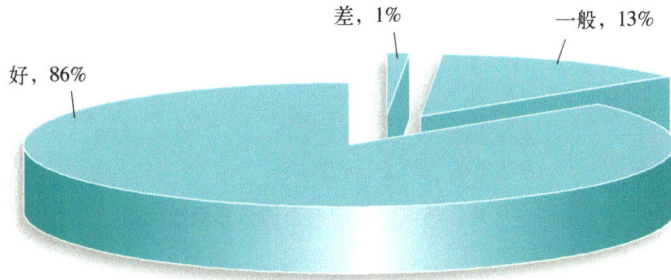

差，1%　　一般，13%

好，86%

图 1-1　农户对集体林改政策的评价

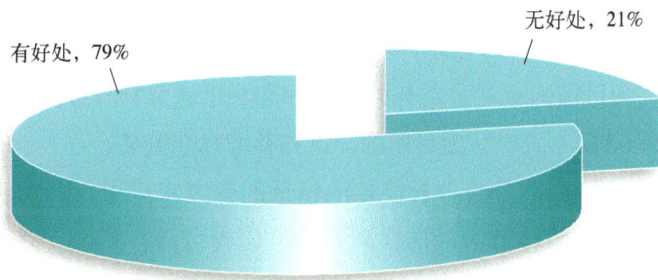

无好处，21%

有好处，79%

图 1-2　集体林改对农户的实施成效

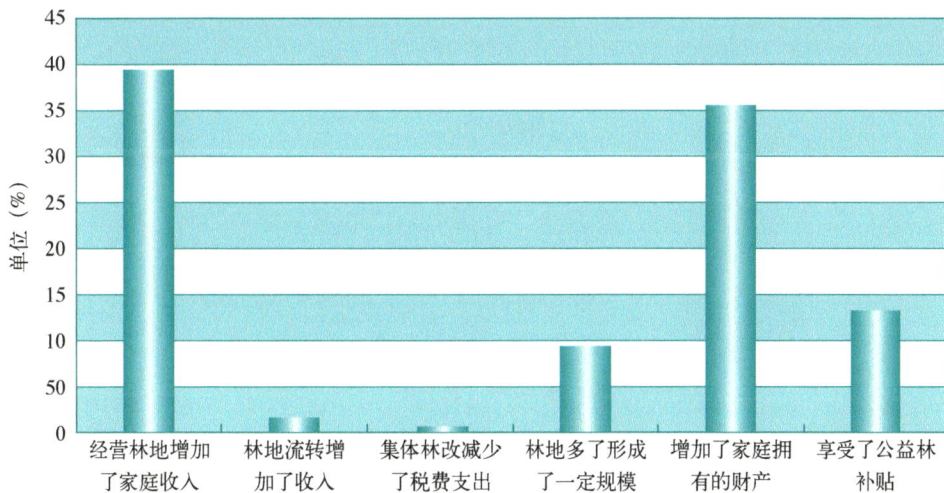

图 1-3　集体林改对农户具有积极影响的成因

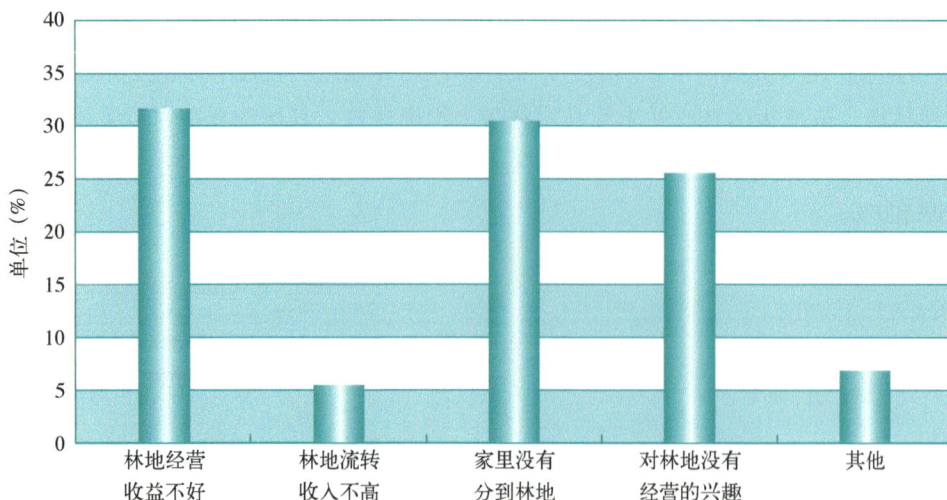

图 1-4　集体林改对农户具有消极影响的成因

（二）样本农户对公益林补偿标准的评价

依据样本农户问卷调查的统计结果显示：超过半数样本农户对现阶段公益林的补偿标准基本上是满意的。如图1-5所示，有62%样本农户认为国家对公益林的现行补偿标准是合理的，37%样本农户认为目前国家对公益林的补偿标准不足以弥补其经济损失，需要进一步提高补偿标准，而仅有1%样本农户认为目前的公益林补偿标准偏高。

接下来，在37%认为目前公益林补偿标准偏低的样本农户中，我们进一步在调查问卷中设置"您认为目前的公益林补偿标准提高到多少比较合适？"这一问题，从而明晰农户对公益林补偿标准的期望价格。如图1-6所示，有68%样本农户认为，在国家财政允许的范围内，期望公益林补偿标准的区间为15~50元/亩[①]；有20%样本农户认为公益林补偿标准达到50~100元/亩方能弥补其林业经营损失，而仅有12%样本农户的目标补偿区间为100元/亩以上。

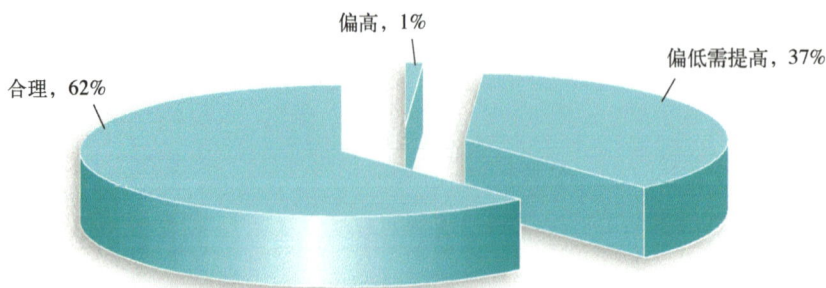

图 1-5　农户对公益林补偿标准的评价

① 1 亩 ≈ 0.067 公顷。

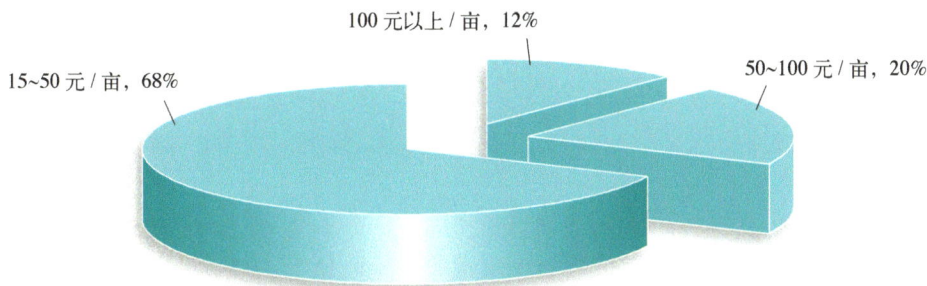

图 1-6　农户对公益林补偿标准的期望区间

（三）样本农户参与林业合作组织的情况

为了解农户对林业合作组织的参与情况和运行状况。首先，我们在调查问卷中设置"您村有林业合作组织吗？"这一问题，以掌握林业合作组织这一制度在农村地区的普及程度。如图1-7所示，有86%样本农户所在村没有成立林业合作组织，而仅有14%样本农户所在村已经推行林业合作组织。

接下来，在14%所在村已成立林业合作组织的样本农户中，我们在调查问卷中设置"您参加林业合作组织了吗？"这一问题，以了解农户对林业合作组织参与的积极性以及林业合作组织在其所在地区农户的参与度。如图1-8所示，在已经成立林业合作组织的地区，大多数农户对林业合作组织的参与度或参与积极性并不高，其比例高达73%，而仅有27%农户参加了林业合作组织，说明林业合作组织在民众间的普及程度有待提升以及在调动农户参与积极性方面的组织机制设计尚待完善。

图 1-7　林业合作组织的普及情况

此外，在27%已参与林业合作组织样本农户中，进一步了解现行林业合作组织对参与农户的普惠情况。如图1-9所示，林业合作组织主要为农户提供技术培训科技服务以及提供市场信息，其比例分别为35%和22%。其他服务提供类型包括产品销售、提供或优惠购买生产资料、贷款服务以及其他相关服务，其比例分别为12%、8%、3%和19%。

最后，在了解林业合作组织普及状况、农户参与情况以及提供服务类型情况后，进一步掌握现存林业合作组织的运行状态。因此，我们在调查问卷中设置"您对林业合作组织运情况的评价是？"这一问题，大多数样本农户认为现存林业合作组织的运行情况比较一般。如

图 1-8　农户参与林业合作组织情况

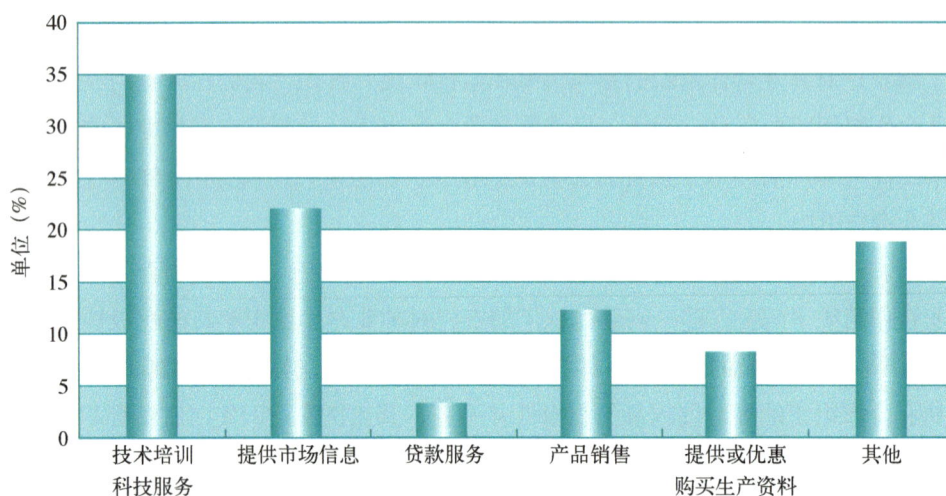

图 1-9　林业合作组织提供服务类型情况

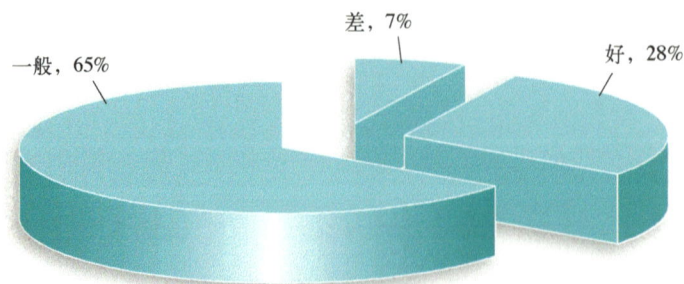

图 1-10　农户对林业合作组织运行情况的评价

图1-10所示，仅有28%样本农户认为林业合作组织运行情况良好，65%样本农户认为林业合作组织的运行状态一般，7%样本农户认为林业合作组织运行情况较差。由此可以看出，林业合作组织作为一项惠民的制度设计，其政策效果并未达到国家目标预期，运行状态不佳可能是造成林业合作组织未广泛普及、农户参与率低的主要原因所在。

（四）样本农户对采伐限额管理制度的评价

为了解农户对采伐限额管理制度的满意程度，我们在调查问卷中设置"您对林业部门林木采伐指标确定的方式和村里的指标分配满意吗？"这一问题，如图1-11所示，有93%农户对林业部门林木采伐指标确定的方式和村里的指标分配是满意的，而仅有7%农户不满意现行的采伐限额管理制度。

为进一步了解采伐限额管理制度对农户林业生产的影响，我们在调查问卷中设置"批准的采伐指标能否满足您的需要？"这一问题。如图1-12所示，90%样本农户认为批准的采伐指标能够满足林业生产的需要，而仅有10%的样本农户认为批准的采伐指标无法满足其林业生产的需求。

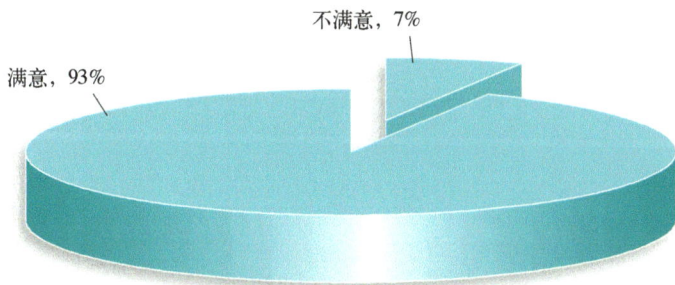

图 1-11 农户对采伐限额管理制度的满意度情况

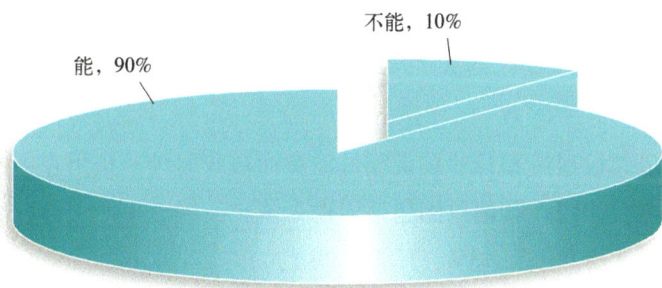

图 1-12 采伐限额管理制度对农户林业生产的影响

（五）样本农户林地流转情况分析

集体林改以"还权"的方式给予农户包括自由流转权利在内的林地承包经营权，以"赋能"的方式固化农户的林地财产权利，进而为农户实现林地自由交易提供稳定的经营环境。为了解集体林改后农户林地流转情况，我们在调查问卷中设置"您家有无转出林地？"这一问题。如图1-13所示，98%样本农户并未将自有林地流转出去，而仅有2%样本农户选择将自家林地转出，因此农户转出林地的意愿并不强。

接下来，进一步探究这2%样本农户是出于何种原因选择转出林地，我们在调查问卷中设置"为什么要流转出去？"这一问题。如图1-14所示，大部分样本农户认为流转比自己经营

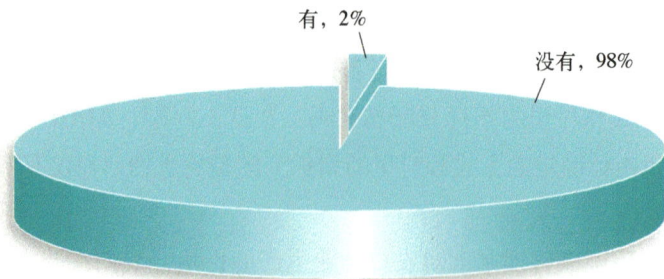

有，2%

没有，98%

图1-13　农户转出林地情况

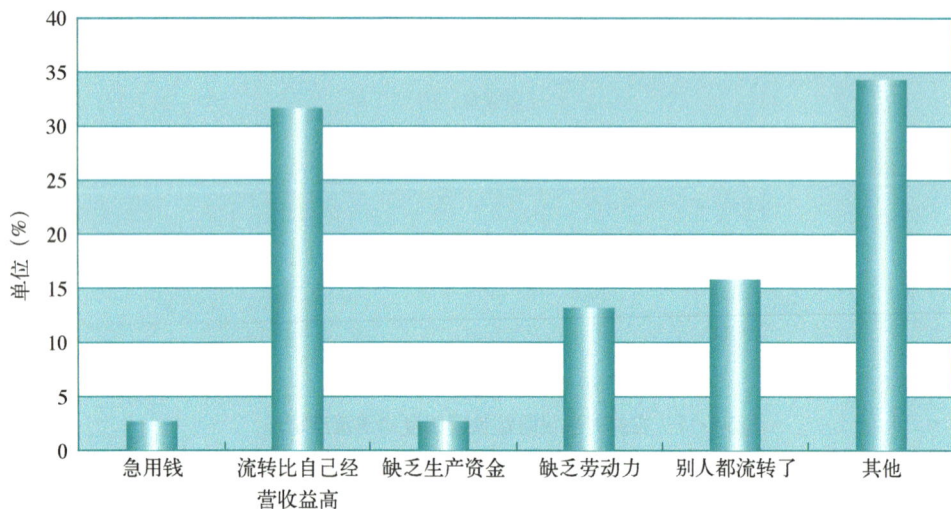

图中纵轴标注：单位（%）

横轴标注（从左至右）：急用钱　流转比自己经营收益高　缺乏生产资金　缺乏劳动力　别人都流转了　其他

图1-14　农户转出林地的原因

收益高以及包括经济建设项目和林业建设项目需要而被政府统一征用在内的其他因素是其做出转出林地决策的主要原因。其他原因包括因他人流转、缺乏生产资金、缺乏劳动力以及急用钱等因素，其比例分别为16%、3%、13%和3%。

那么，在这2%样本农户选择转出林地中，是否存在在流入户或流入企业打工的情形，因此，我们在调查问卷中设置"您家是否有人在流入企业处打工？"这一问题。如图1-15所示，有99%样本农户没有在流入企业处打工，而仅有1%样本农户在流入企业处打工。由此可以判别，进行规模化生产的林业企业或大户对农村剩余劳动力的吸纳能力十分有限。

此外，对于98%没有选择转出林地的样本农户而言，未来是否有计划或意愿将自有林地流转出去，因此，我们在调查问卷中设置"您有将自家林地流转出去的打算吗"。如图1-16所示，94%样本农户没有打算或意愿选择转出自家林地，而仅有6%样本农户具有在未来将自家林地流转出去的意愿。

那么，对于现阶段无转出林地行为而在未来具有转出林地意愿的这6%样本农户而言，是什么原因使其产生在未来选择转出林地的计划呢？我们在调查问卷中设置"为什么打算要把林地流转出去"这一问题。如图1-17所示，超过半数的样本农户认为自己不会经营以及长期在外务工经商是其未来打算转出林地的主要原因，其比例分别为45%和15%，其他原因包括

有，1%

没有，99%

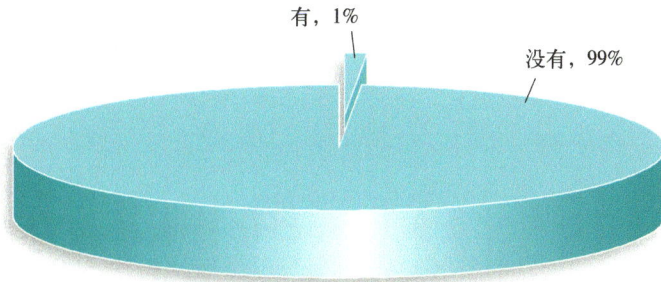

图 1-15　流入企业对农户就业的影响

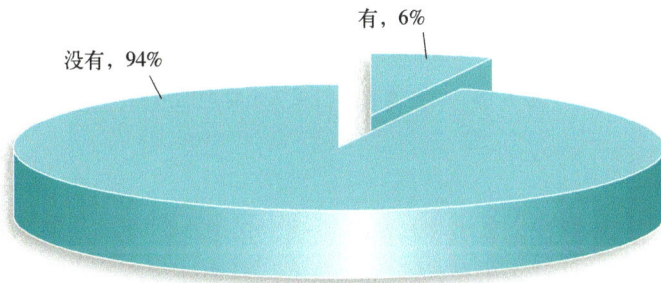

有，6%

没有，94%

图 1-16　未来农户转出林地的意愿

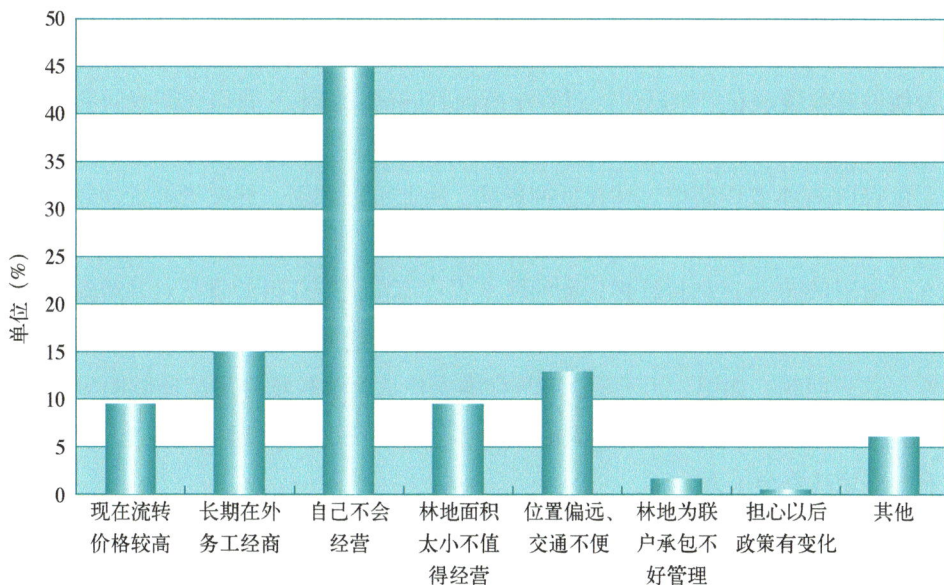

图 1-17　农户未来打算转出林地的成因

林地位置偏远和交通不便、现在流转价格较高、林地面积太小而不值得经营、林地为联户承包而不好管理、担心以后政策有变化以及其他因素，其比例分别为13%、9%、9%、2%、1%和6%。

除此以外，对于现阶段无转出林地行为而在未来依旧没有转出林地意愿的94%样本农户而言，是什么考虑使其依旧愿意持有林地产权呢？我们在调查问卷中设置"您不打算流转林地主要考虑的是什么？"这一问题。如图1-18所示，有39%样本农户认为自己经营效益会更

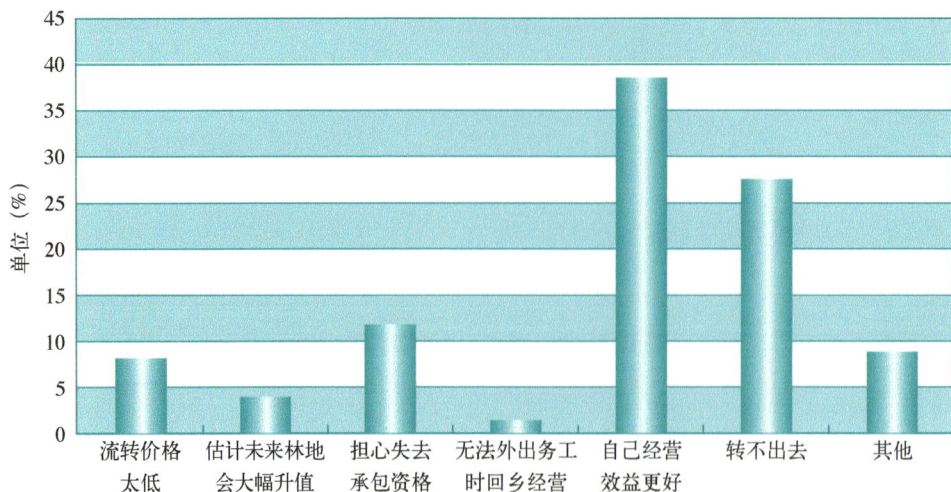

图 1-18　农户未来不打算转出林地的成因

好，有28%样本农户有林地转出意愿却无法在市场中找到承租者，其他原因包括担心失去承包资格、流转价格太低、估计未来林地会大幅升值、无法外出务工时可以回乡经营以及其他因素，其比例分别为12%、8%、4%、1%和9%。

（六）样本农户对林权抵押贷款制度的评价

　　集体林权制度改革在赋予林地产权流转功能的同时，还给予林地产权以及林地上的森林资源具有抵押、担保功能。那么，林权抵押贷款是否成为农户家庭生产活动资金的主要来源？是否能够有效缓解农户家庭生产过程中所面临的信贷约束？我们在调查问卷中设置"您是否获得过林权抵押贷款？"这一问题。如图1-19所示，有99%样本农户未获得过林权抵押贷款，而仅有1%样本农户获得过林权抵押贷款。由此可以判别，林权抵押贷款并未成为一项普惠性制度，成为农户家庭缓解生产活动资金压力主要来源的作用效果十分有限。

　　那么，对于1%获得过林权抵押贷款的样本农户而言，所获得的贷款对其缓解资金压力是否起到明显作用效果呢？我们在调查问卷中设置"林权抵押贷款对缓解资金困难是否起到明显作用？"这一问题。如图1-20所示，72%样本农户认为林权抵押贷款能够明显缓解资金困难，14%样本农户认为林权抵押贷款只能缓解部分资金压力，14%样本农户认为林权抵押贷款无法有效缓解其资金压力。

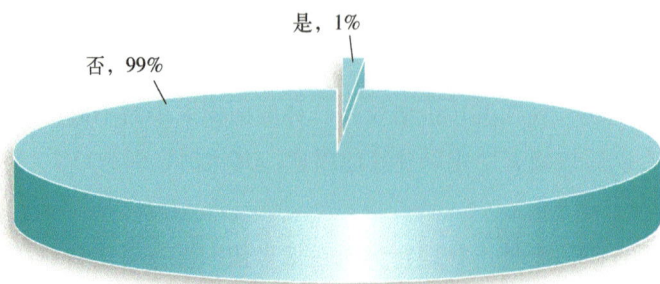

图 1-19　农户参与林权抵押贷款制度的情况

部分缓解，14%

是，72%

否，14%

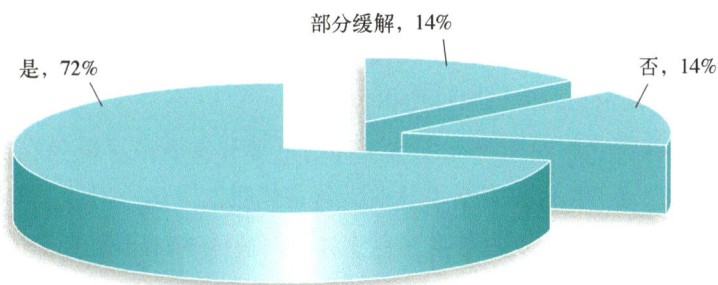

图 1-20　林权抵押贷款的实际成效

（七）样本农户对集体林改推动共同富裕的评价

　　为保证集体林改政策制定和实施的普惠性和公平性，我们在调查问卷中设置"集体林改和相关农村林业政策对不同收入水平的农户是公平的吗？"这一问题。如图1-21所示，99%样本农户认为现行的集体林改和相关农村林业政策对不同收入水平的农户均是公平的，而仅有1%样本农户认为林业政策的实施对不同收入水平农户并未实现绝对公平。由此可以判别，集体林改和相关林业政策从制定、出台到实施的过程均兼顾不同阶层农户的利益，在提升农户家庭经济效益的同时也保证政策制度的公平性。

　　虽然林业政策的实施兼顾不同阶层农户的经济利益，但林业政策的制定初衷是否具有针对性地受众群体，尤其是低收入水平农户？我们在调查问卷中设置"落实林业扶持政策是否向低收入农户倾斜？"这一问题。如图1-22所示，有86%样本农户认为落实林业扶持政策对任何受众群体均是一视同仁，并未出现特意向低收入农户倾斜的情况，有14%样本农户认为

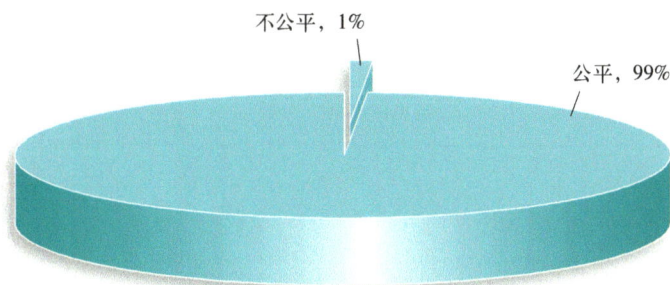

不公平，1%

公平，99%

图 1-21　农户对林业政策的评价

有，14%

没有，86%

图 1-22　林业扶持政策对低收入农户的影响

落实林业扶持政策有向低收入农户倾斜。由此可以判别，中国政府制定林业政策的目标群体是所有农户，不会因特殊群体（如低收入农户）的利益诉求而使其他群体的经济利益遭受损失，造成林业政策的制定初衷失去原真性和公平性。

为了解现阶段我国农村新型林业经营主体的培育和发展情况以及农户对其熟悉程度，我们在调查问卷中设置"你们村有新型林业经营主体吗？"这一问题。如图1-23所示，59%样本农户不知道所在村是否有新型林业经营主体，28%样本农户所在村没有新型林业经营主体，而仅有13%样本农户所在村已经存在新型林业经营主体。

那么，对13%样本农户所在村而言，新型林业经营主体类型又呈现何种分布格局呢？如图1-24所示，新型林业经营主体中有55%为林业合作社，有18%为林业大户，有15%为家庭林场，有12%为林业企业。由此可见，林业合作社是现阶段农村地区新型林业经营主体的主要构成类型。

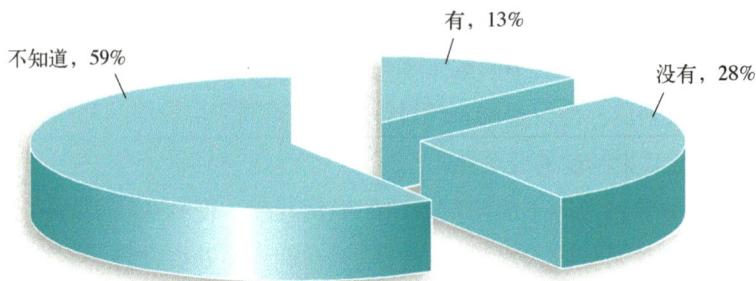

图 1-23　农户对新型林业经营主体的熟悉情况

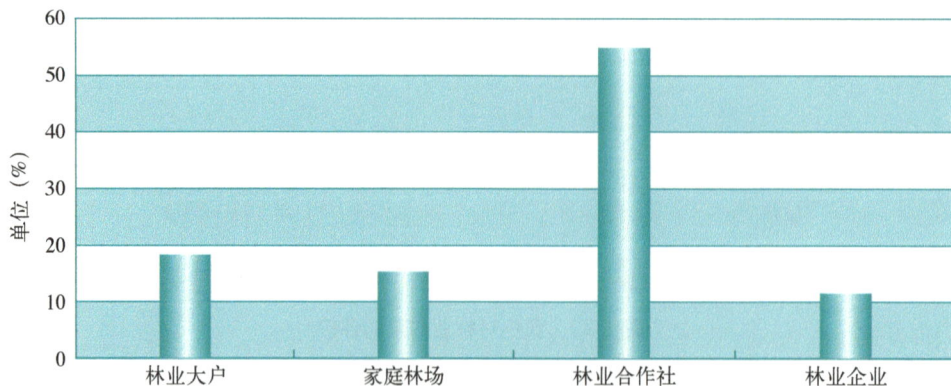

图 1-24　新型林业经营主体类型

既然13%样本农户所在村已经培育新型林业经营主体，甚至进入发展壮大阶段，那么新型林业经营主体对农户是否产生带动作用呢？我们在调查问卷中设置"农户是否参与新型林业经营主体的经营活动"这一问题，以此了解农户与新型林业经营主体的融合程度。如图1-25所示，大多数农户并未参与新型林业经营主体的经营活动，其比例为70%，但也有30%样本农户已经参与新型林业经营主体的经营活动。由此可以初步判别，农户与新型林业经营主体的融合程度相对较低，尚需强化新型林业经营主体的带动作用。

那么，对于30%样本农户已经参与新型林业经营主体的经营活动而言，其对新型林业经营主体的经营情况是否满意呢？我们在调查问卷中设置"农户对新型林业经营主体经营情况的满意程度"这一问题，以侧面了解新型林业经营主体的经营状态。如图1-26所示，有47%样本农户认为新型林业经营主体的经营情况比较一般，有41%样本农户对其经营状态比较满意，还有6%样本农户非常满意新型林业经营主体的经营情况。当然，也有样本农户对新型林业经营主体的经营状态不满意甚至非常不满意，其比例分别为4%和2%。

接下来，进一步分析新型林业经营主体对已经参与其经营活动的30%样本农户家庭收入的影响，我们在调查问卷中设置"新型林业经营主体是否有带动增收作用？"这一问题，以此了解新型林业经营主体对农户家庭收入的影响。如图1-27所示，大部分样本农户认为新型

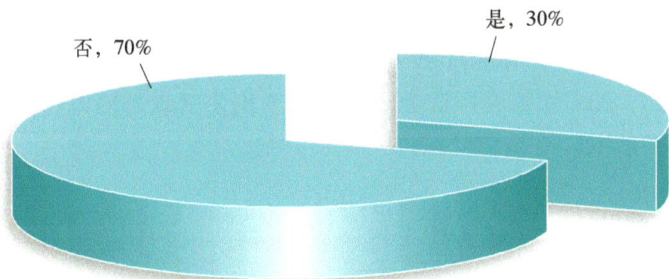

图 1-25　农户参与新型林业经营主体的情况

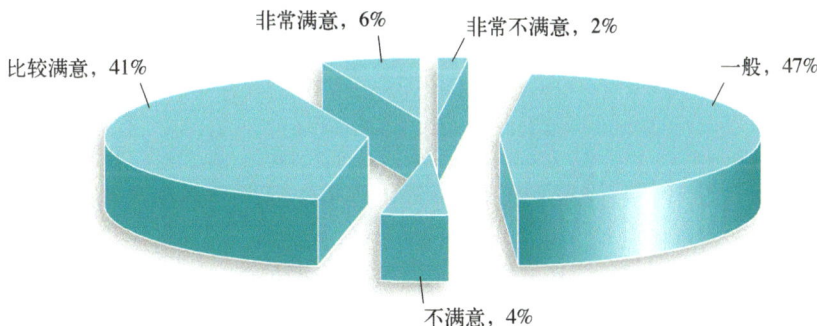

图 1-26　农户对新型林业经营主体经营情况的满意程度

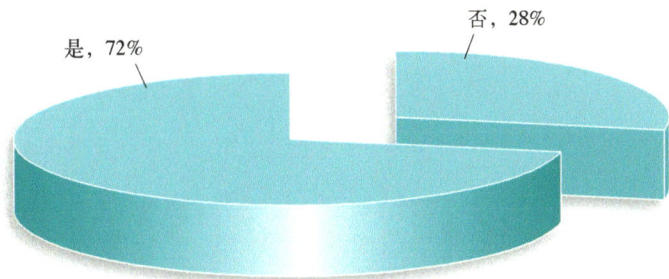

图 1-27　新型林业经营主体对农户家庭收入的影响

林业经营主体具有带动增收作用，其比例为72%，而只有28%样本农户认为新型林业经营主体对其家庭收入没有显著影响。由此可以初步判别，新型林业经营主体的培育和发展在农户家庭实现增收致富中具有举足轻重的作用效果。

那么，新型林业经营主体对农户家庭增收的具体带动作用是什么呢？我们在调查问卷中设置"新型林业经营主体的具体带动作用"这一问题，以此了解新型林业经营主体对农户家庭收入影响的具体作用机制。如图1-28所示，有36%样本农户认为参与新型林业经营主体能够为其提供劳动机会，也有样本农户认为新型林业经营主体通过租用林地和收购林产品带动其增收，其比例分别为15%和13%，其他具体带动作用机制包括提高单产、提高产品质量、降低林业生产成本、发展森林旅游以及其他渠道，其比例分别为10%、10%、4%、1%和13%。

为了进一步发展并壮大新型林业经营主体队伍，我们在调查问卷中从农户角度设置"支持新型林业经营主体发展的建议"这一问题。如图1-29所示，62%样本农户认为政府应出台相关扶持政策以支持新型林业经营主体的发展，25%样本农户认为应给予新型林业经营主体相关技术培训，13%样本农户认为政府应给予相关财政补贴以促进新型林业经营主体壮大。

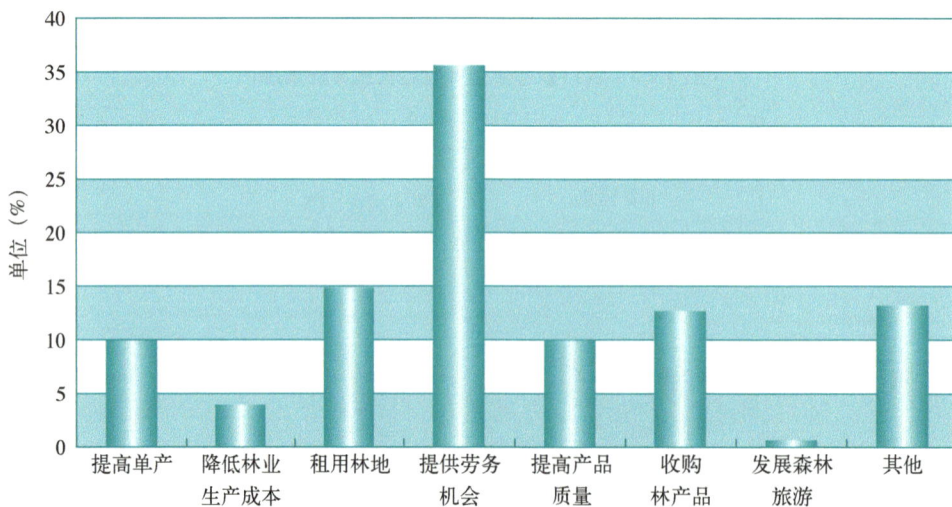

图 1-28 新型林业经营主体的具体带动作用

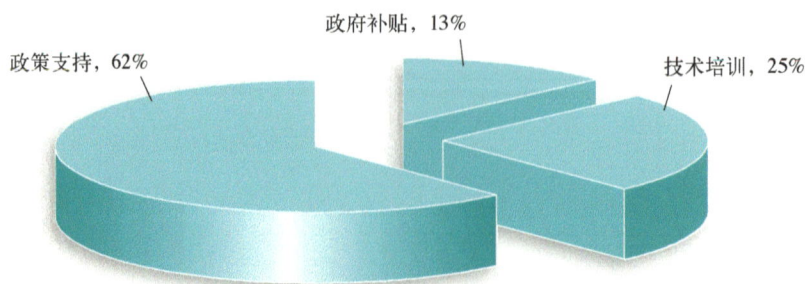

图 1-29 支持新型林业经营主体发展的建议

集体林改对农户收入的影响

一、变量选择

为了分析集体林改推动共同富裕的效果，将根据计量经济学模型评估集体林改对农户收入的影响，为此需要确定农户收入函数的变量类型。

（一）被解释变量

被解释变量为农户家庭收入。它由农户家庭总收入指标来反映，进一步从收入结构来看，它由林业收入和非农收入构成。林业收入由竹林、经济林、用材林和林业补贴收入构成，非农收入由非农务工和非农创业收入构成。在实证模型中，考虑到农户家庭收入数值过大会造成样本方差偏大，为了保证数据的平稳，缓解异常值的干扰，本研究对其进行取对数化处理。在此基础上，为了不损失有效样本量，对于农户家庭收入取值为0的情况，所采取的方法是先加1后再进行对数化处理。

（二）核心解释变量

核心解释变量为集体林改。20世纪80年代推行的林业"三定"改革，集体林依然存在很多无主山、一山多主等产权界定不清的问题，使得农户因缺乏稳定性的政策预期而过度采伐森林资源，迫使中央政府不得不叫停林业"三定"改革。随着市场经济体制改革的推进，我国于2008年全面实施新一轮集体林改，主要任务是通过明晰产权和勘界发证以达到放活经营权、落实处置权、保障收益权的政策目标，按照中央政府实施林权改革的原则，各地区不能简单地以林业"三定"改革时期确定的责任山和自留山进行确权发证工作，而要重新进行实地"四至"勘界并登记，颁发统一式样且具有法律效力的新林权证书。林业"三定"改革后，一些地方没有完全收回已经分配给农户的林地，且对于已确权林地还需换发新林权证书，但现阶段仍然存在较多的林权纠纷，使得发放新林权证书的工作存在一定障碍。因此，本研究以是否领取林权证书作为林权改革的表征变量，已经领取的赋值为1，未领取的赋值为0。

（三）中介变量

中介变量包括要素激励、生计策略选择、林地流转和林权抵押贷款4种传导路径。其中，要素激励主要包括林业劳动力和林业资本投入。生计策略选择以反映农户家庭生产经营结构的职业类型进行测度，按照家庭劳动力配置的非农就业比例划分为纯农户、兼业户和非农户，并作为有序虚拟变量分别进行赋值为1~3。林地流转采用农户家庭是否流入林地和是否流出林地作为表征变量。林权抵押贷款采用农户是否获得林权抵押贷款作为表征变量。

（四）控制变量

考虑其他可能影响农户家庭收入的影响因素，本研究将控制变量归纳为3个维度：其一，市场特征变量。涉及非农劳动力价格和木材价格指标。其二，农户特征变量。涉及户主年龄、性别、健康状况、受教育年限、户主是否干部、家庭人口数、家庭劳动力数和是否非农就业指标。其三，资源特征变量。涉及林地面积和是否采伐木材指标。需要指出的是，控制变量若为二分虚拟变量，则继续采取0和1进行赋值，否则，需要对实际数值采取对数化形式处理。本研究所涉及变量的说明和描述性统计见表1-1。

表 1-1 变量说明和描述性统计

变量名称	变量说明	均值	标准差
被解释变量			
农户家庭收入	单位：元	16946.2931	22027.3811
核心解释变量			
集体林改	是 =1；否 =0	0.6162	0.4863
中介变量			
林业资本	单位：元	622.6112	3045.001
林业劳动力	单位：人天	31.9945	65.6863
生计策略选择	纯农户 =1；兼业户 =2；非农户 =3	2.0287	0.7315
是否流入林地	是 =1；否 =0	0.0725	0.2593
是否流出林地	是 =1；否 =0	0.0342	0.1817
是否获得林权抵押贷款	是 =1；否 =0	0.0165	0.1272
控制变量			
非农劳动力价格	单位：元 /（人·天）	52.8723	21.5415
木材价格	单位：元 / 立方米	439.3289	97.3423
年龄	单位：岁	52.149	11.0257
性别	男性 =1；女性 =0	0.9694	0.1721
受教育年限	单位：年	7.3187	2.8496
健康状况	健康 =1；不健康 =0	0.8951	0.3064
户主是否干部	是 =1；否 =0	0.2428	0.4288
家庭人口数	单位：人	3.9328	1.5076
家庭劳动力数	单位：人	2.7074	1.2344
是否非农就业	是 =1；否 =0	0.6923	0.4616
林地面积	单位：亩	38.3976	73.138
是否采伐木材	是 =1；否 =0	0.038	0.1912

二、模型设定

（一）基准模型设定

为评估林权改革的增收效应，结合各省份实施林权改革时间不尽相同这一准实验，采用双重差分模型来识别林权改革与农户家庭收入之间的因果关系。基本思想在于将各地区推行林权改革的不同时间纳入模型，形成受政策冲击的农户为实验组和未受政策冲击的农户为控制组，通过计算两组农户在林权改革实施前后收入水平的相对差异，可以较好地克服模型中可能存在的反向因果、遗漏变量等内生性问题，进而准确评估林权改革政策净效应。双重差分模型构建如下：

$$Y_{it} = \beta_0 + \beta_1 treat_i \times post_t + \beta_2 X_{it} + \mu_i + \varepsilon_{it} \qquad (1\text{-}1)$$

式（1-1）中，Y_{it} 表示农户在第 t 期的家庭收入；X_{it} 表示控制变量向量；μ_i 代表时间固定效应；ε_{it} 为随机扰动项。$treat_i$ 表示农户是否领取林权证书，若已领取则 $treat_i$=1，反之则 $treat_i$=0，$post_t$ 表示时间哑变量，若时间在已领取林权证书之后则 $post_t$=1，而 $treat_i \times post_t$ 的系数 β_1 是本研究所着重关注的，表示林权改革的增收效应。

（二）中介效应模型设定

本研究主要参考温忠麟等（2014）的研究方法，选取要素激励、生计策略选择、林地流转和林权抵押贷款4个中介变量，使用依次检验的方法检验是否存在中介效应，具体模型设定如下：

$$tran_{it} = \alpha_0 + \alpha_1 treat_i \times post_t + \alpha_2 X_{it} + \mu_i + \varepsilon_{it} \tag{1-2}$$

$$Y_{it} = \gamma_0 + \gamma_1 treat_i \times post_t + \gamma_2 tran_{it} + \gamma_3 X_{it} + \mu_i + \varepsilon_{it} \tag{1-3}$$

式（1-2）和（1-3）中，$tran_{it}$ 为中介变量；α_1 为中介效应待估系数；γ_1 和 γ_2 分别为林权改革和中介变量的直接效应待估系数；α_0、γ_0 均为常数项；其他变量定义同式（1-1）。依次检验方法的基本思路：第一步，检验式（1-1）的估计系数 β_1，在估计系数 β_1 显著的基础上则进行第二步检验，否则停止检验。第二步，检验式（1-2）的估计系数 α_1，若估计系数 α_1 显著，则进行第三步检验，否则停止检验。第三步，检验式（1-3）的估计系数 γ_1，若估计系数 γ_2 显著，则认为存在中介效应。

在运用双重差分模型进行回归分析之前，要求满足同质性和随机性前提假设条件，因此需要对其进行平行趋势检验和安慰剂检验。本研究采用逐步回归方式对式（1-1）进行回归估计，以此验证回归结果的稳健性。

三、经验性结果

表1-2显示了林权改革影响农户家庭总收入的基准回归结果。林权改革对农户家庭总收入具有显著正向影响，且在剔除林业补贴后，林权改革增收效应仍然存在，回归结果保持稳健。研究结果说明，林权改革有助于农户形成积极的收入预期，即使在不依赖林业补贴的情况下依然能够实现创收，在一定程度上保证了林权改革政策效果具有可持续性。

表 1-2　林权改革对农户家庭总收入的影响

变量	总收入（不含林业补贴）		总收入（含林业补贴）	
	(1)	(2)	(3)	(4)
林权改革	0.0149***	0.0052**	0.0215***	0.0142*
	(0.0043)	(0.0023)	(0.0026)	(0.0081)
控制变量	控制		控制	
年度固定效应	控制	控制	控制	控制
常数项	0.8058***	0.6878***	0.8670***	0.5303***
	(0.0059)	(0.0113)	(0.0036)	(0.0654)
观测值	13536	13536	13536	13536
R^2	0.058	0.302	0.078	0.321

注：***、** 和 * 分别表示在1%、5% 和 10% 的统计水平上显著。

为了进一步保证模型估计结果的稳健性，本研究对基准回归进行了一系列稳健性检验。一是在农户层面选择林权改革变量可能会在一定程度上存在自选择问题，而以所在县域林地确权比例作为林权改革的表征变量，能够有效避免试点政策时可能出现的自选择倾向。表1-3结果显示，林权改革对农户家庭总收入具有正向影响，且在10%统计水平上显著。二是较早作为试点实施政策的省份相比于其他省份更具有代表性，可能导致试点省份的农户家庭总收入水平与其他省份有所差异。因此，在剔除试点实施政策的福建、浙江、江西、辽宁等4个省份后，林权改革估计系数仍然在1%统计水平上具有正向影响。三是在推进林权改革过程中，影响农户家庭总收入的相关林业政策同时交叉运行，例如采伐限额管理制度、森林保险制度、林业补贴和参加林业专业合作组织，可能导致基准回归中林权改革政策净效应存在偏误。因此，为排除上述政策对林权改革政策效应可能产生的干扰，在基准回归基础上，进一步添加上述政策虚拟变量。结果显示，在控制上述政策的作用下，林权改革政策效应虽然在一定程度上受到削弱，但增收效果依然存在。

表 1-3　稳健性检验

变量	替换核心解释变量	剔除试点省份	排除相关政策干扰
林权改革	0.0111*	0.0156***	0.0070*
	(0.0063)	(0.0025)	(0.0036)
控制变量	控制	控制	控制
年度固定效应	控制	控制	控制
常数项	0.6991***	0.7060***	0.6709***
	(0.0168)	(0.0118)	(0.0158)
观测值	13536	7752	13536
R^2	0.316	0.330	0.329

注：*** 和 * 分别代表在 1% 和 10% 的统计水平上显著。

前文已经验证了林权改革的增收效应，在我国农村社会经济发展不平衡的现实情况下，这种增收效应是否能够缩小贫富差距尚待探究。表1-4显示了林权改革对不同收入农户家庭总收入的影响。林权改革对不同收入农户家庭总收入均产生显著的增收效应，且这种促进效应随着农户家庭总收入水平上升呈现下降趋势，尤其低收入农户家庭表现出更强的增收效应，突出表现为"益富更益贫"的特点，说明林权改革能够在一定程度上缩小农村社会内部收入差距。

表 1-4　林权改革对不同收入农户家庭总收入的影响：分组回归

变量	低收入组	中收入组	高收入组
林权改革	0.0237*	0.0135*	0.0068*
	(0.0143)	(0.0071)	(0.0035)
控制变量	控制	控制	控制
年度固定效应	控制	控制	控制
常数项	0.7001***	0.9859***	0.9510***
	(0.0500)	(0.0488)	(0.0173)
N	4512	4512	4512
R^2	0.146	0.190	0.109

注：*** 和 * 分别代表在 1% 和 10% 的统计水平上显著。

表1-5报告了林权改革对农户家庭总收入结构的影响。结果显示，林权改革对农户家庭林业收入和非农收入均在1%的统计水平上具有正向影响。这意味着，林权改革既可以激励农户通过优化林业要素配置结构以提高林业收入，也能够鼓励农村劳动力向具有比较报酬优势的非农部门转移，进而增加非农收入。

表 1-5　林权改革对农户家庭总收入结构的影响

变量	林业收入	非农收入
林权改革	0.0155***	0.0217***
	(0.0018)	(0.0047)
控制变量	控制	控制
年度固定效应	控制	控制
常数项	−0.0525***	0.1771***
	(0.0087)	(0.0227)
观测值	13536	13536
R^2	0.109	0.579

注：*** 代表在 1% 的统计水平上显著。

　　表1-6报告了要素激励在林权改革影响农户家庭收入中的中介效应回归结果。第二步检验结果表明，林权改革能够显著激励农户增加林业资本和林业劳动力投入；第三步检验结果表明，要素激励对农户家庭林业收入和总收入均具有显著正向影响，且在加入中介变量后，林权改革对农户家庭林业收入和总收入依然具有显著正向影响。表明林权改革能够有效激励农户通过增加林业资本和林业劳动力投入以提高林业产出，进而带来收入水平的快速提升。结合表1-2和表1-5已验证的第一步检验结果，可见要素激励具有中介效应。

表 1-6 要素激励中介效应

变 量	林业资本	林业收入	林业劳动力	林业收入	总收入
林权改革	0.1509***	0.0117***	0.1827***	0.0136***	0.0170**
	(0.0167)	(0.0017)	(0.0126)	(0.0045)	(0.0071)
林业资本		0.0255***			0.0144***
		(0.0009)			(0.0036)
林业劳动力				0.0376***	0.0189***
				(0.0028)	(0.0047)
控制变量	控制	控制	控制	控制	控制
年度固定效应	控制	控制	控制	控制	控制
常数项	−1.1796***	−0.0224***	−0.6493***	−0.0721***	5.7006***
	(0.0809)	(0.0085)	(0.0612)	(0.0177)	(2.0916)
观测值	13536	13536	13536	13536	13536
R^2	0.083	0.159	0.104	0.166	0.440

注：*** 代表在 1% 的统计水平上显著。

　　表1-7报告了生计策略选择在林权改革影响农户家庭收入中的中介效应回归结果。第二步检验结果表明，林权改革对农户生计策略选择具有显著正向影响；第三步检验结果表明，生计策略选择在1%统计水平上显著正向影响农户林业收入、非农收入和总收入，且在加入中介变量后，林权改革对农户家庭林业收入、非农收入和总收入的正向影响依旧保持显著。结合表1-2和表1-5已验证的第一步检验结果，可见生计策略选择具有中介效应。这表明，林改引致的生计策略的进一步选择分工，虽然激励农户将更多家庭劳动力配置到非农部门，但并未对其林业劳动力投入产生明显的挤出效应，反而促进劳动力在林业部门和非农部门实现互补，进而实现林业收入和非农收入的"双增"。

表 1-7　生计策略选择中介效应

变量	生计策略选择	林业收入	非农收入	总收入
林权改革	0.0260*	0.0160***	0.0181***	0.0151***
	(0.0139)	(0.0018)	(0.0039)	(0.0057)
生计策略选择		0.0236***	0.0210***	0.0091***
		(0.0013)	(0.0003)	(0.0030)
控制变量	控制	控制	控制	控制
年度固定效应	控制	控制	控制	控制
常数项	−9.7550***	−0.0186**	−0.1255***	0.7206***
	(0.0673)	(0.0088)	(0.0195)	(0.0241)
观测值	13536	13536	13536	13536
R^2	0.991	0.131	0.703	0.318

注：*** 和 * 分别代表在 1% 和 10% 的统计水平上显著。

表1-8报告了林地流转在林权改革影响农户家庭收入中的中介效应回归结果。第二步检验结果表明，林权改革能够显著增加农户流转林地（转入林地和转出林地）的概率；第三步检验结果显示，林地经营规模的扩大和缩小分别对其林业收入和非农收入具有显著正向影响，且在加入中介变量后，林权改革对农户家庭林业收入和非农收入的影响依然正向显著。结合表1-2和表1-5已验证的第一步检验结果，可见林地流转具有中介效应，表明林权改革不仅通过激励农户扩大林地经营规模以接近或达到规模效应，进而增加林业收入，还通过鼓励农户转出林地以释放家庭劳动力来从事非农生产活动，进而增加非农收入，从而实现流转双方的利益"共赢"。

表 1-8　林地流转中介效应

变量	是否转入林地	林业收入	是否转出林地	非农收入	总收入
林权改革	0.0389***	0.0153***	0.0164***	0.0165*	0.0107***
	(0.0046)	(0.0027)	(0.0055)	(0.0092)	(0.0035)
是否转入林地		0.0146***			0.0172***
		(0.0053)			(0.0061)
是否转出林地				0.0327**	0.0139**
				(0.0152)	(0.0058)
控制变量	控制	控制	控制	控制	控制
年度固定效应	控制	控制	控制	控制	控制
常数项	−0.2726***	−0.0580***	−0.2474***	0.2270***	0.7568***
	(0.0270)	(0.0117)	(0.0235)	(0.0460)	(0.0173)
观测值	13536	13536	13536	13536	13536
R^2	0.084	0.112	0.057	0.543	0.359

注：***、** 和 * 分别代表在 1%、5% 和 10% 的统计水平上显著。

表1-9报告了林权抵押贷款在林权改革影响农户家庭收入中的中介效应回归结果。第二步检验结果表明，林权改革能够显著增加农户获得林权抵押贷款的概率；第三步检验结果显示，林权抵押贷款对农户家庭林业收入、非农收入和总收入均具有显著正向影响，且在加入中介变量后，林权改革对农户家庭林业收入、非农收入和总收入依然具有显著正向影响。结

合表1-2和表1-5已验证的第一步检验结果，可见林权抵押贷款具有中介效应，表明林权改革通过林权抵押贷款不仅可以缓解农户在林业生产中所面临的信贷约束，提高其林业投资水平和投资能力，从而增加林业收入，还能够缓解在非农部门受到的生产性资本不足的约束，从而增加非农收入。

表 1-9　林权抵押贷款中介效应

变量	是否获得林权抵押贷款	林业收入	非农收入	总收入
林权改革	0.0297*	0.0155***	0.0196**	0.0183***
	(0.0164)	(0.0018)	(0.0089)	(0.0040)
是否获得林权抵押贷款		0.0138**	0.0315**	0.0161**
		(0.0062)	(0.0160)	(0.0064)
控制变量	控制	控制	控制	控制
年度固定效应	控制	控制	控制	控制
常数项	−0.3994***	−0.0521***	0.1540***	0.7139***
	(0.0617)	(0.0087)	(0.0542)	(0.0183)
观测值	13536	13536	13536	13536
R^2	0.242	0.109	0.603	0.339

注：***、** 和 * 分别代表在 1%、5% 和 10% 的统计水平上显著。

🌲 新型林业经营主体对农户发展的带动机制

经过查阅大量资料和文献，我们以林业合作经济组织为主，制定了新型林业经营主体调查问卷，多视角、多维度开展深入调研。我们共发放问卷512份，获得有效问卷479份，有效率达到93.6%。为了提高科学性和实效性，在调研问卷的基础上，还对发展状况比较好的林业合作经济组织开展了交谈调研，对林业合作经济组织或示范社进行了全方位交谈，对象包括管理者、决策者及合作经济组织成员。全面了解合作经济组织在利益联结模式、内部治理、外部环境、规模经营、生产经营、品牌战略、经营绩效等诸多方面的情况。利用调研问卷开展数据调查能够有针对性地、详细全面地反映所需要的相关数据，但也有一定的缺陷。因此，在广泛开展问卷调查的基础上，重点访谈了部分知名示范社管理者和当地基层政府以及林业主管部门，全面获取了林业合作经济组织发展情况，为本研究提供了较为扎实的数据和资料积累，同时了解林业合作经济组织在开展培训就业、技术推广、带动脱贫致富和产业发展上发挥的作用，以便全方位地了解林业合作经济组织的经济效率、社会效率和交易效率。

一、样本特征描述

（一）基本情况

受访者平均年龄最小30岁，最大61岁。林业合作经济组织成员平均年龄在35岁以下的有27个，占比5.64%；36~40岁的有82个，占比17.12%；41~45岁的有176个，占比36.74%；46~50岁的有135个，占比28.18%；51~55岁的有41个，占比8.56%；56岁以上的有18个，占比

3.76%。总体而言，平均年龄在41~50岁的居多，占比高达64.92%。样本中，组织的成员平均受教育年限最少的为1年，最多的为16年，平均为9.03年。其中，受教育年限为小学及以下的共计138人，占比为28.81%；受教育年限为初中的共计194人，占比为40.50%；受教育年限为高中或中专的共计123人，占比为25.68%；受教育年限为本科及以上的共计24人，占比为5.01%。总体而言，样本平均受教育年限集中在高中及以下，与我国农村实际情况相符。

调研发现，林业合作经济组织成立之初，一般由村干部、农村能人、林业大户等带头成立，他们普遍具有丰富的林业生产和管理经验，对市场运作比较熟悉，有一定的社会资源。他们作为管理者，威信度普遍比较高，做出的决策能得到林农的普遍响应。通过对受访者询问林业合作经济组织的管理者威信情况发现：管理者威信非常高的有184个，占比38.41%；威信比较高的有215个，占比44.89%；威信一般的有71个，占比14.82%；威信比较低的有9个，占比1.88%；调研中没有威信非常低的样本。林业合作经济组织受到资源禀赋、带头人影响力等多重因素的影响，在成员规模上差异较大。从调研数据来看，林业合作经济组织成员数量相对较少，最少的仅有3人，而最多的达到360人，其中20人以下的林业合作经济组织数量共计301个，占比62.84%；21~50人的林业合作经济组织数量共计100个，占比20.88%；50~100人的林业合作经济组织数量共计38个，占比为7.93%；101~150人的林业合作经济组织数量共计29个，占比为6.05%；151人以上的林业合作经济组织数量共计11个，占比仅为2.30%（表1-10）。

表1-10　受访者特征情况汇总

分类		个数	比例（%）	分类		个数	比例（%）
年龄	35岁及以下	27	5.64	管理者威信	非常高	184	38.41
	36~40岁	82	17.12		比较高	215	44.89
	41~45岁	176	36.74		一般	71	14.82
	46~50岁	135	28.18		比较低	9	1.88
	51~55岁	41	8.56		非常低	0	0.00
	56岁及以上	18	3.76	成员规模	20人及以下	301	62.84
受教育年限	小学及以下	138	28.81		21~50人	100	20.88
	初中	194	40.50		51~100人	38	7.93
	高中或中专	123	25.68		101~150人	29	6.05
	本科及以上	24	5.01		151人及以上	11	2.30

数据来源：根据样本问卷统计。

（二）生产积极性

将林农的生产积极性分为非常高、比较高、一般、比较低、非常低5个维度。从统计结果看，调查样本中林农生产积极性普遍较高。生产积极性非常高的林业合作经济组织有135个，占比为28.18%；生产积极性比较高的有244个，占比超过一半，为50.94%；生产积极性一般的有94个，占比为19.62%；生产积极性比较低的仅有6个，占比为1.25%。调查样本中不存在生产积极性非常低的情况。

（三）林地质量

林业生产受气候、土壤、温度、肥力等环境约束较大，林地质量在一定程度上直接决定了林业收益。将林地质量分为5个档次：非常好、比较好、一般、比较差、非常差。林地质量非常好的林业合作经济组织有132个，占比为27.56%；林地质量比较好的有203个，占比为42.38%；林地质量一般的有132个，占比为27.56%；林地质量比较差的有3个，占比为0.63%；林地质量非常差的有9个，占比为1.88%。

表1-11 林地质量

类目	非常好	比较好	一般	比较差	非常差
数量（个）	132	203	132	3	9
占比（%）	27.56	42.38	27.56	0.63	1.88

数据来源：根据调查问卷的统计。

（四）林地规模

林业合作经济组织经营规模差距明显，在林业合作经济组织成立之初，经营面积最少的仅有4亩，最多的高达10000亩，其中100亩以下的占比为28.81%；101~500亩的占比为36.74%；501~1000亩的占比为13.57%；1001~2000亩的占比为11.06%；2000亩以上的占比为9.81%。目前，林业合作经济组织的林地经营面积又发生了显著变化，经营面积最多的高达13000亩，其中100亩以下的占比为16.49%，下降12.32个百分点；101~500亩占比为26.93%，下降9.81个百分点；501~1000亩的占比为19.00%，上升5.43个百分点；1001~2000亩的占比为14.20%，上升3.14个百分点；2000亩以上的占比为23.38%，上升13.57个百分点。

表1-12 林地面积

林地规模	成立之初		调研时	
	数量（个）	占比（%）	数量（个）	占比（%）
100亩以下	138	28.81	79	16.49
101~500亩	176	36.74	129	26.93
501~1000亩	65	13.57	91	19.00
1001~2000亩	53	11.06	68	14.20
2000亩以上	47	9.81	112	23.38

数据来源：根据调查问卷的统计。

（五）林地承包期

林地具有特殊性，其承包期普遍较长。样本中，林地承包期10年以下的林业合作经济组织有64个，占比为13.36%；11~20年的有56个，占比为11.69%；承包期在21~30年的有153个，占比为31.94%；31~40年的有65个，占比为13.57%；41~50年的有100个，占比为20.88%；50年以上的有41个，占比为8.56%。

（六）组织内部管理程度

组织内部管理程度分为5个类别：非常紧密、比较紧密、一般、比较松散、非常松散。样本中，林业合作经济组织内部管理程度非常紧密的有103个，占比为21.50%；比较紧密的有206个，占比为43.01%；管理程度一般的有132个，占比为27.56%；管理程度比较松散的有32个，占比为6.68%；非常松散的有6个，占比为1.25%（表1-13）。

（七）组织运行规范程度

调研中发现，林业合作经济组织虽然经过多年时间的发展，但大多数的运行仍然不够规范。从林业合作经济组织运行规范程度自评价来看，有3.96%的合作组织认为自身的运行不太规范，有15.03%的合作组织认为规范化程度一般。个别合作组织成立之初是盲目跟风，没有进行运营，基本属于"空壳社"。从组织制度执行程度来看，有的合作组织尚处于起步阶段，各项规章制度不健全，有2.92%的合作组织完全不执行组织制度，有的合作组织即便健全，也不按照规章制度执行，仅是松散地组织在一起，有2.92%的合作组织仅执行部分组织制度，10.02%的合作组织制度执行程度仅为一般（表1-13）。

表1-13 样本特征描述

	分类	个数	比例（%）		分类	个数	比例（%）
组织内部管理程度	非常严格	103	21.50	组织运行规范程度	非常规范	283	59.08
	比较严格	206	43.01		比较规范	105	21.92
	一般	132	27.56		一般	72	15.03
	比较松散	32	6.68		比较不规范	5	1.04
	非常松散	6	1.25		很不规范	14	2.92
制度执行程度	非常严格	216	45.09	林农收入水平	0.5万元及以下	94	19.62
	比较严格	187	39.04		0.5万~1万元	165	34.45
	一般	48	10.02		1万~1.5万元	85	17.75
	部分执行	14	2.92		1.5万~2万元	88	18.37
	基本不执行	14	2.92		2万元及以上	47	9.81
林农预期收益提高程度	20%及以下	159	33.19	带动林农户数	20户及以下	288	60.13
	20%-40%	73	15.24		20~50户	77	16.08
	40%-60%	88	18.37		50~100户	32	6.68
	60%-80%	41	8.56		100~200户	35	7.31
	80%及以上	118	24.63		200户及以上	47	9.81
利益联结模式	两者交叉，交易为主	167	34.86	政府对组织扶持力度	非常高	34	7.10
	按股分红	244	50.94		比较高	96	20.04
	按交易额分红	68	14.20		一般	211	44.05
					比较低	79	16.49
					非常低	59	12.32

数据来源：根据调查问卷的统计。

（八）利益联结模式

调研了解，样本中林业合作经济组织与成员的利益联结模式主要有3种：第一种成员缴纳会费或份额大致均等的股金，组织为成员提供相关服务，实行按交易额分配或按股分红与按交易额分配相结合的利益分配方式，以交易额分配为主。第二种成员以土地、资金、技术等形式入股，具有股份化倾向，组织直接支配和管理资产，成员的收益源于股份分红、按交易额分配所带来的盈利返还两个方面。第三种成员只需缴纳一定的会费，组织为成员提供服务，收益仅按照交易额来进行分配。从调研情况来看，选择第一种收益分配模式的林业合作经济组织占34.86%，第二种占50.94%，第三种占14.20%（表1-13）。实际上大多数的林业合作经济组织还是没有建立起"利益共享、风险共担"的利益联结模式，经常发生互相毁约的现象，组织为林农提供的科技服务也相应有限。

与其他的企业、组织进行比较，林业合作经济组织无论是利益联结机制，还是运行管理等诸多方面，都相对松散。组织成员对自身领域生产经营的独立性相对较高。林农加入林业合作经济组织最初目的就是为了获取林业生产、经营、销售等方面的服务。而林业合作经济组织也正是通过这些服务才能运作下去。其提供的这些服务不仅仅惠及所有的合作组织成员，甚至还会为组织外部的林农带来帮助，导致一些林农"搭便车"行为的产生。因此，林业合作经济组织在一定程度上具有准公共产品的属性。

（九）林农预期收益

调查样本中，林农预期收益提高程度最高的为100%，最低的为0，平均为46.51%。其中，预期收益提高20%以下的样本有159个，占比为33.19%；20%~40%的有73个，占比为15.24%；40%~60%的有88个，占比为18.37%；60%~80%的有41个，占比为8.56%；80%以上的有118个，占比为24.63%（表1-13）。

（十）林农收入

林业合作经济组织社员年人均收入最多的为2.3万元，最少的为0.4万元，平均为1.02万元。其中，林农收入在0.5万元以下的样本有94个，占比为19.62%；0.5万~1.0万元的有165个，占比为34.45%；1.0万~1.5万元的有85个，占比为17.75%；1.5万~2.0万元的有88个，占比为18.37%；2.0万元以上的有47个，占比为9.81%（表1-13）。

（十一）带动林农户数

调查样本中，林业合作经济组织带动林农户数最多的为2000户，最少的为0，平均带动86.79户。其中，带动农户数量在20户以下的有288个，占比最大，达到60.13%；带动农户数在20~50户的有77个，占比为16.08%；带动农户数在50~100户的有32个，占比为6.68%；带动农户数在100~200户的有35个，占比为7.31%；带动农户数在200户以上的有47个，占比为9.81%（表1-13）。

（十二）政府对组织扶持力度

研究中将政府对组织的扶持力度分为5个等次，分别是非常低、比较低、一般、比较高和非常高。其中，政府对林业合作组织扶持力度非常低的样本有59个，占比为12.32%；扶持力度比较低的为79个，占比为16.49%；扶持力度一般的为211个，占比为44.05%；扶持力度比较高的有96个，占比为20.04%；扶持力度非常高的有34个，占比为7.10%（表1-13）。可见，总体而言，政府对林业合作经济组织的扶持力度仍有限。

二、林业合作经济组织发展存在的问题

调研中发现，林业合作经济组织的利益联结紧密程度逐渐从松散型向紧密型转变，发展方向从单一生产经营型向综合型转变，市场竞争从单打独斗型向合作共赢型转变，林业合作经济组织取得长足发展。但受到经济、社会、资源等多重因素的影响，林业合作经济组织在发展过程中仍面临一些突出问题。

（一）管理水平仍待提高

林业合作经济组织经过多年的发展，在管理水平上有了一定提高，但与实现林业合作经济组织效率目标的要求仍然不够匹配。一些林业合作经济组织尚处于起步阶段，各项规章制度不健全。有的林业合作经济组织虽然按照《中华人民共和国农业专业合作社法》等相关法

律法规，形成了本组织的管理运行规章制度，但大多并没有完全按照各项制度进行，仅是松散地组织在一起；有的林业合作经济组织虽然按照要求设立了股东代表大会、董事会、监事会，但在实际的运行中，"三会"召开或者流于形式，或者很少召开，生产经营决策几乎由林业合作经济组织的管理者或大股东来决定，普通成员的表决权、选举权形同虚设，组织成员没能充分行使自身的各项权利。甚至有的林业合作经济组织在建立之初，是为了获取国家的相关扶持政策或盲目跟风成立。按照相关规定，当时成立合作经济组织（合作社）的门槛较低，甚至有的地方只需要几张身份证等简单的资料，并且登记和管理是分开进行的。工商部门只负责登记，至于合作社是否规范以及后续运营如何，归农业部门监管，农业部门即使知道有的合作社运营不规范，但也不能将其注销，造成部分合作社先天不足，实际并没有按照计划正常运转，名存实亡的"空壳社"现象仍不少见。

（二）利益联结机制不健全

林业合作经济组织与成员的利益联结模式主要有3种，第一种是成员缴纳会费或份额大致均等的股金，组织为成员提供相关服务。实行按交易额分配或按股分红与按交易额分配相结合的利益分配方式，以交易额分配为主。第二种是成员以土地、资金、技术等形式入股，具有股份化倾向，组织直接支配和管理资产，成员的收益源于股份分红、按交易额分配所带来的盈利返还两个方面。第三种成员只需缴纳一定的会费，组织为成员提供服务，收益仅按照交易额来进行分配。

部分林业合作经济组织成员以林地和生产技术入股，在实际运作中，仍将土地交还给成员自己耕种，没有为林农提供统一的生产资料、统一的技术服务、统一的销售、统一的包装、统一的品牌，并没有真正形成土地适度规模经营。他们不承担组织主要生产经营风险，主要风险被转嫁到以资金入股的组织成员身上。同时，多数林业合作经济组织的利益分配仍以"保底收益"为主，合作组织给成员的收购价格通常要高于以往的市场价格，这样成员既能有效规避风险，又能享受到高于市场的价格。但也存在市场价格显著高于合作组织收购价格的情况，这时合作组织成员也会出现单方面毁约，以较高价格将产品出售给其他收购商的可能，林业合作经济组织就会遭到较大损失。可见，一些林农与林业合作经济组织之间尚未形成利益共享、风险共担的利益联结机制。

（三）人力资源严重缺乏

人力资源匮乏已经成为林业合作经济组织面临的突出问题。一是合作组织管理者的能力不足。林业合作经济组织通常是由林业种植大户或者能人组织附近林农成立起来的，他们虽然林业生产经验比较丰富，但总体文化水平还不够高，缺乏系统生产运营及销售的知识，特别是在加工端、新的营销模式方面缺乏经验。二是内部缺乏专业的技术人才。虽然大多数的林业合作经济组织都有专门的技术员，但人数较少。例如，丹东某林业合作经济组织社员规模近200人，专业技术员仅2人，在农忙时候很难有时间对所有成员进行技术指导，况且这些技术人员自身的能力也比较有限，通常只是实践经验较为丰富，或者接受过相关部门组织的培训。百姓消费结构和消费方式的转变也对林产品的品质和销售模式提出了新的要求。特别是近年来，林农从传统销售向网络销售、直播销售、农超对接等销售模式转变的需求也日益迫切，而林业合作经济组织相关技术人才严重缺失。三是外聘技术人才不够接地气。部分合作组织反馈，从外部聘请的专业技术人才，多以狭义的农业技术人才为主，林业技术专业人才相对缺乏。他们对本地的实际生产情况、气候特征等不够了解，不能及时准确地指导相关问题。特别是一些饲料、农药、化肥等企业的技术人员在进行生产服务的时候，多以推销自身产品为主，解决实际生产问题的服务水平不高。多数的林业合作经济组织与科研院所和高校的联结不够紧密，很难请到业内专家进行技术指导。

（四）资金获取较为困难

林业生产周期长、见效慢，在生产初期投入巨大，对于林业合作经济组织而言，若要获取较高效益，需要走规模化之路，流转林地、购买种子农机具、雇佣劳动力等都需要大量的资金。目前来看，林业合作经济组织生产经营资金主要来自3个方面：一是自身运营经费。林农加入林业合作经济组织时，有的以土地、资金、技术等入股，有的缴纳一定的会费，合作组织的注册资金往往不高，一般不足20万元，少的甚至只有几万元。同时由于大部分的林业合作经济组织经济效益不高，导致组织运行经费较少，甚至有的合作组织带头人垫资运行，经济实力比较薄弱。二是用于提供农业动态和生产资料的经费，多依靠金融贷款。规范的、有发展潜力的林业合作经济组织能通过金融机构贷款获得一定的资金，但小规模、运营不规范的林业合作经济组织由于缺乏抵押物、金融机构惜贷等实际难题，很难从正规的金融机构获得贷款，多数只能依靠民间借贷，而民间借贷利息很高，有的甚至高达10%，给林业合作经济组织的生产经营活动带来极大负担。三是用于林业科技推广示范的资金，多来自政府的专项拨款。但只有少部分林业合作经济组织能够获得专项拨款。资金的不足导致林业合作经济组织在生产过程中很难为成员提供全面的生产信息和生产资料，也不能按期按需为成员提供科学技术培训。

（五）科技服务供需错位

调查中发现，林业合作经济组织成员希望组织提供科技服务的需求较高，而林业合作经济组织实际提供服务的主动性不足，造成科技服务供需矛盾。主要体现在3个方面：一是供需不匹配。在与林农访谈中，部分林农表示，虽然林业合作经济组织也提供技术培训和服务，但存在培训的内容与实际需求不匹配或者滞后现象。很少有合作组织派专人收集林农在实际生产中遇到的问题并进行有针对性地讲解和技术服务，通常是合作组织负责人或专门的技术人员凭借经验在春耕秋收之际进行一些指导服务。二是供给质量不高。从目前来看，合作组织科技服务的预见性、整体性不足，服务的层次比较低，合作组织缺乏对林业生产产前、产中、产后全过程的服务。由于林业生产多具有长周期、重投资、多管护的特点，林农希望合作组织能够在生产之初或者利用农闲时间，将生产过程中可能出现的问题进行归纳总结，提前进行培训，以避免问题的产生，而事实上，合作组织往往是等到林农有实际需求或者在生产过程中已经出现问题的时候，才进行简单的指导和讲解。三是供给渠道较为单一。林业合作经济组织开展科技服务主要以面对面的服务为主，这种线下的科技服务方式，对培训的场地、培训的时间、培训的人员都有具体要求，一些林农想参加却碍于时间和人数的要求参加不了。网络培训和指导的模式日益受到林农的欢迎，但部分林农的年龄较大，对电子产品和互联网使用不熟练，以及林区网络信号时有不畅，导致网络培训和指导沟通不及时，效果也有待改善。

三、林业合作经济组织与农户的契约选择与影响因素分析

我国集体林权制度改革后，小规模林农长期大量存在，发展壮大林业合作经济组织并充分发挥其示范带动作用，是补齐林农小规模经营短板、促进林业产业发展、助力乡村振兴的重要抓手。契约选择决定了一个组织的运行和发展，契约不同，组织规模、运行和发展方向都会存在较大差异，研究林业合作经济组织契约选择，对于分析林业合作经济组织建设的内在规律，促进林业合作经济组织发展壮大具有重要的现实意义。本研究首先探讨样本中林业合作经济组织契约选择情况，主要包括对契约类型的归纳，以及不同林业合作经济组织带动农户数量和林地承包年限与契约选择的交叉描述统计分析。其次，本研究构建了多元Logistic回归模型，分析了影响林业合作经济组织契约选择的关键因素。为后文探讨契约选择与运行效率关系奠定了基础。

(一) 理论分析与研究假说

合作经济组织契约选择已然引起了学术界的广泛关注（浦徐进等，2019）。归纳已有文献，大致包括交易成本、产权制度、社会关系和资产专用性四个视角，并在上述视角下开展了丰富的解读。其中，关于交易成本视角下的探讨，旨在分析谈判能力以及信息不对称情形下，合作经济组织选择契约类型和制定契约时限的差异化。基于该视角的学者普遍认为，在合作经济组织经营过程中，由于信息不对称造成了合作组织与参与农户之间的交易成本增加，进而影响着契约类型的选择差异（朱丽娟等，2021）。

借鉴梁巧等（2021）关于合作经济组织规模衡量的标准，林业合作经济组织规模的衡量，一般采用林业合作经济组织成员数、经营规模、林地面积等指标。合作社规模越大，在市场经济交易中议价能力越强，越有益于提高社员收入（吴曼等，2020），越能吸引更多生产要素流入到林业合作经济组织中去。同时，预期收益的高低决定了成员加入组织的积极性，预期收益越高，成员依靠组织增收的可能性越大。基于此，本研究提出如下假设。

假设1：预期收益直接影响林业合作经济组织成员数量，预期收益越高，成员越倾向于选择要素契约。

契约理论认为，合作经济组织组建之初，对组织形式的考察和选择，实质上就是对组织内部契约类型的考察和选择，各利益主体需考虑交易过程中决定合作经济组织契约模式的因素。梁巧等（2011）从合作社的经济功能角度，提出合作社是一种兼有企业和共同体双重属性的社会经济组织，是由林农个体根据一定的合约机制组合的生产经营实体，林地是合作社经营的基础。林地面积反映区域林业资源禀赋条件（丘水林等，2021），林地面积越大，林业生产的比较优势越明显，增加收益的可能性越强烈（李红，2018），林农对林业组织的依赖程度会随之增加，参与林业合作经济组织的意愿更为强烈，更愿意把林地作为资本加入合作经济组织中。林地质量高低对于组织的行为选择和绩效会产生较大的影响，林地质量高，成员依靠林业增收的积极性就会增强，契约模式的选择就会受到影响。林地承包期在一定程度上代表了林业合作经济组织从事生产的稳定性，承包期越长，稳定性越高，成员依靠自身获取林业收入的可能性越高，越愿意选择自由度较大的契约模式。基于此，提出以下假设。

假设2：林业合作经济组织经营的林地面积越大，越会选择要素契约；而林地质量越

高，越愿意选择商品契约。

威廉姆森（2001）继承了科斯的交易费用思想，提出了把资产专用性作为决定交易费用的一个重要因素。当资产专用性较弱时，适合市场交易；当资产专用性很强时，内部组织有优势，宜采用企业制度。所以经济组织的逻辑应该是，在交易频率很高或交易经常发生时，不完全契约和资产专用性最终导致企业的合并或纵向一体化。首先，林业合作经济组织成员由于缺少相应的经验和技能，导致农户的人力资产专用性不强。其次，由于林业生产周期比较长，例如中草药种植、经济林种植等，林地水利设施、电力设施、生产机械、管护用房等资产一旦投资，在生产周期内基本用途就被"锁定"，很难改为其他用途，且林业生产具有周期长、风险性高等特点，经营管理、收益分配等方面存在较大的不确定性。基于此，提出以下假设。

假设3：林地承包期越久，林业合作经济组织越会选择比较稳定的要素契约。

新制度经济学提出，交易方为实现效用的最大化，总是会在自身约束条件下，选择交易成本最低的契约安排。在市场经济中，买卖双方地位平等，但是买方或卖方一方占据有利的情况下，就会形成价格优势。合作社是劳动者为了维护自身的社会经济利益，按照合作社的特定原则和价值，通过自愿联合而建立起来的群众性经济组织（郭翔宇，2003）。合作组织规模越大，在谈判中越容易取得价格话语权。林业经济组织规模对市场林产品价格往往具有较大影响，既有研究表明，经济组织人员数量、经济产出等规模越大，在交易中越容易处于有利地位，增强组织在交易中的谈判实力和地位，掌握产品价格话语权，可获取更多的经济利益（杨洁，2019）。在市场交易中，具有主导权的产品，一般具有"品牌效应"和"声誉效应"，品牌特别是名优品牌，通常是其拥有者长期精心生产高质量商品后，在消费者心中赢得良好的声誉，经过一定法定程序认证后才获得的一种无形资产（李武江，2014），在谈判交易中处于有利地位。这种具有主导权的产品能够发挥"品牌效应"，降低交易费用，成员更倾向于选择股份化的要素契约模式。实现利润最大化是林农选择最佳契约模式的主要依据（顾艳红，2013）。基于此，提出如下假设。

假设4：林业合作经济组织的价格话语权越强，林农越倾向于选择要素契约。

政府财政资金用于投资林业、林农脱贫，具有带动效应（仲丹丹，2016；周舒敏，2021），对林业合作经济组织的生产、加工、销售各环节有重要影响，能有效缓解生产资本对资金的需求。林业财政投入可以促进林业合作经济组织的收入预期，进而扩大生产经营规模、改善生产技术等，从而提高林业合作经济组织收益。林业合作经济组织是一种基于资本和政府支持的特殊组织，比其他组织都更依赖外部环境，政策支持是影响林业合作经济组织效率的一个重要因素（徐志刚等，2011），在满足社员和组织利益，减少成本费用等方面发挥了重要作用（Cadot et al.，2016）。同时，政府扶持使林业合作经济组织增加了社会资本，降低经营风险，促进林农提高生产热情和选择更为严格的利益联结模式。政府对于管理制度完善的林业经济组织，倾向给予更大的财政资金支持，对提高林业生产效率有显著影响。基于此，提出以下假设。

假设5：政府对林业合作经济组织的扶持力度越大，组织越倾向选择管理较为严格的要素契约模式。

林业合作经济组织管理者一般是村干部、农村能人、林业大户等，他们普遍具有丰富的林业生产和管理经验，对市场运作比较熟悉，有一定的社会资源，他们作为管理者，威信度普遍比较高，做出的决策能得到林农的响应（徐旭初等，2010），管理组织制度越完善，林农越倾向于选择管理更为严格的组织形式。基于此，提出以下假设。

假设6：管理者与成员素质越高，越倾向于选择组织管理严格的契约模式。

成员平均受教育程度和林业生产热情越高，对接受新技术、采用新技术的积极性越高，对林业生产经营管理能力越强，使得组织林业产出在一定程度上更易产生规模经济效应，林农倾向于选择进出相对宽松自由的商品契约模式。管理者权威越高，越有能力管理组织模式较为复杂的林业合作经济组织，组织成员越容易信服，在进行决策时越容易达成一致意见，有利于降低交易费用，提高运行效率能降低组织制度成本的可能性越大，越有利于多获收益，林业越倾向于选择要素契约。基于此，提出以下假设。

假设7：受教育程度和林业生产热情越高，林农越愿意选择商品契约；管理者权威度越高，林农越愿意选择要素契约。

（二）变量确定

本研究主要分析林业合作经济组织契约模式选择差异的影响因素。因此，被解释变量为林业合作经济组织的契约选择，具体包括典型商品契约、商品契约和要素契约三类。核心解释变量主要包括组织特征因素、交易成本、政策因素、成员特征等方面（表1-14）。

组织特征因素类变量：主要包括组织成员数、林地面积、林地质量、林地承包期4个变量。组织规模是林业合作经济组织发展水平的一个重要体现，组织规模扩大有利于增强组织在市场上的谈判实力，从而节约交易成本。本研究选择组织成员数和林地面积这两个变量衡量组织规模，组织成员数和林地面积数据通过登记在册的人员数获取；林地承包期长短和林地质量高低对于组织的行为选择和绩效会产生较大的影响，契约模式的选择就会受到影响，林地承包期和林地质量数据通过调研林户自评和官方分类统计综合判断，其中林地质量采用李克特量表法分为5个等级进行测度。

交易成本类变量：主要包括主要产品价格话语权、组织管理制度严格程度。主要产品价格的话语权是决定组织交易成本的重要因素，直接关系着组织获得的利润，模式选择上可能倾向于管理更为严格、更容易产生规模经济效应的契约模式；组织制度内部管理程度的高低，对组织内部制度安排和运营成本影响较大，从而影响组织选择不同的契约模式。产品价格话语权通过问卷设计，调研合作经济组织领导获得；合作经济组织内部管理制度严格程度采用李克特量表法分为5个等级进行测度。

政策因素类变量：采用扶持力度变量进行衡量。政策扶持力度对林业合作经济组织契约模式的选择有着重要影响，通过梳理各地区的文件，将给予的补贴数额、扶持的强度采用李克特量表法分为5个等级进行测度。

成员特征类变量：本研究中选取成员平均受教育程度、林业生产热情、管理者权威度、预期收益提高程度变量衡量成员特征。其中受教育程度、林业生产热情、预期收益提高程度对组织管理要求更高，对契约模式选择更灵活，管理者权威度能反映合作经济组织的管理者对组织的管理能力，能直接降低交易成本，从而获得更高利润。受教育程度采用教育年限度量，林业生产热情度、管理者权威度采用李克特量表法分为5个等级进行测度，预期收益提高程度通过访问林农获得，详细如表1-14所示。

表1-14　变量说明与统计性描述

变 量	定 义	均值	方差	最小值	最大值
成员数量	林业合作经济组织拥有的成员数量（单位：位）	31.04	44.97	3	360
林地面积	林业合作经济组织拥有的林地面积（单位：亩）	534.67	1364.63	4	10000
林地质量	1=非常好；2=较好；3=一般；4=较差；5=非常差	2.06	0.86	1	5
林地承包期	林业合作经济组织承包土地的时间（单位：年）	34.78	16.36	10	70
价格话语权	1=是；0=否	0.50	0.50	0	1
内部管理程度	1=非常紧密；2=较紧密；3=一般；4=较松散；5=非常松散	2.23	0.90	1	5
扶持力度	1=非常低；2=较低；3=一般；4=较高；5=非常高	2.06	0.88	1	5
受教育年限	接受国家正规教育的时间（单位：年）	9.03	1.36	1	16
林业生产热情	1=非常高；2=较高；3=一般；4=较低；5=非常低	1.94	0.72	1	5
管理者权威	1=非常高；2=较高；3=一般；4=较低；5=非常低	1.80	0.75	1	5
预期收益提高程度	受访者预期收益会提高的百分比（%）	46.51	36.11	0	100

数据来源：根据样本问卷统计。

（三）模型设定

基于上文，为了分析影响林业合作经济组织契约选择的关键因素这一核心问题，构建林业合作经济组织契约选择影响因素的理论模型如下。

$$Y_i = F(ST_i + EN_i + PO_i + PA_i) + e_i \tag{1-4}$$

式（1-4）中，Y_i代表林业合作经济组织契约选择，若选择典型商品契约，则记为"1"，若选择商品契约，则记为"2"，若选择要素契约，则记为"3"；ST_i代表组织特征类变量，包括组织成员数、林地面积、林地质量、林地承包期等；EN_i代表成员特征类变量，包括受教育程度、林业生产热情、管理者权威、预期收益提高程度等；PO_i代表政策特征类变量，包括政府扶持力度；PA_i代表交易成本类变量，包括价格话语权、组织管理制度严格程度；e_i为随机扰动项。

本研究假设林业合作经济组织对3种不同的契约模式进行选择，且不存在序次关系，因此本研究选择多元Logistic模型对林业合作经济组织的契约选择影响因素进行实证分析。

$$\ln\left(\frac{p_1}{p_n}\right) = a_1 + \sum_{m=1}^{m} \beta_{1m} X_m \tag{1-5}$$

$$\ln\left(\frac{p_2}{p_n}\right) = a_2 + \sum_{m=1}^{m} \beta_{2m} X_m \tag{1-6}$$

$$\ln\left(\frac{p_{n-1}}{p_n}\right) = a_{n-1} + \sum_{m=1}^{m} \beta_{(n-1)m} X_m \tag{1-7}$$

式中，$p_1, p_2, p_3, \dots, p_n$分别表示契约模式；$n-1$，$\alpha_1, \alpha_2, \dots, \alpha_{n-1}$是截距项；$X_m$为$x_1, x_2, x_3, x_4$的集合，$x_1$是代表组织特征的一组向量，主要包括成员数量、林地面积、林地质量、林地承包期等；x_2代表交易成本，主要包括对于主要产品价格是否具有话语权、内部管理程度；x_3代表政策因素，用政府对林业合作经济组织的扶持力度来衡量；x_4表示成员特征的一组向量，包括成员平均受教育程度、林业生产热情、管理者权威、预期收益等。

（四）林业合作经济组织契约选择

为了更好地了解林业合作经济组织契约选择种类的差异化，本节基于实地调研的现实状况，从生产经营、组织管理和利益联结3个方面，对典型商品契约、商品契约和要素契约进行详细阐述。

典型商品契约：从生产经营来看，林业专业协会通常是对协会会员开展农业技术服务或相关技术推广，会员按照协会的规定，自愿缴纳一定的会费加入协会，协会向成员提供约定的服务。从组织管理来看，林业专业协会管理较为松散，会员加入或者退出协会比较自由，会员可以进行个人的生产决策，自主性较大，会员间往往互惠互助，不需要缴纳股金，没有正式的决策机构和管理机构。从利益联结来看，林业专业协会与会员的联系比较松散，在进行利益分配时，只按交易额进行分配，没有股权分红。详见表1-15。

表 1-15　典型的商品契约

组织形式	林业专业协会
进入权	缴纳一定会费，进入较为容易
退出权	退出较为自由
决策权	对个人生产具有完全决策权
利润分配	按交易额分配，无股权分红

商品契约：从生产经营来看，典型的林业合作经济组织通常是选择某一林业产业开展生产经营或者专业服务，成员按照合作社的规定，自愿缴纳一定的会费或股金加入组织，组织按照约定向成员提供生产、农资、田间管理、销售、加工等一系列的服务。从组织管理来看，典型的林业合作经济组织通常具有较为规范的组织制度和决策机构，成员对于组织的发展方案、人员任用、集体资产处置等公共决策具有选举权、决策权，同时，当成员不想再参与组织时，可以按自己意愿退社。从利益联结来看，典型的林业合作经济组织与成员的联系比较密切，在进行利益分配时，一般按交易额进行分配，或采取按股分红与按交易额分配相结合的利益分配方式，但以交易额分配为主。详见表1-16。

表 1-16　商品契约

组织形式	典型的林业合作经济组织
进入权	缴纳一定会费或者股金，缴纳的会费和股金较为平均
退出权	退出较为自由
决策权	享有"一人一票"决策权
利润分配	按股分红与交易额分配结合，但以交易额分配为主

要素契约：从生产经营来看，具有股份化倾向的林业合作经济组织是选择某一林业产业开展生产经营或者专业服务，成员按照合作社规定，自愿以土地、资金、技术等一种或多种形式入股，加入合作社，合作社向社员提供生产、农资、田间管理、销售、加工等一系列的服务。从组织管理来看，具有股份化倾向的林业合作经济组织通常具有较为规范的组织制度和决策机构，成员对于组织的发展方案、人员任用、集体资产处置等公共决策具有选举权、决策权。但与典型的林业合作经济组织不同，具有股份化倾向的林业合作经济组织，成员按

照自身"股份"的不同，决策的权利也有差别。成员进退组织受到一定限制，需要向组织提出申请，经同意后才能进退。社员所持有的股份不能转让、交易、变现。组织可以直接支配和管理成员入股的资产。从利益联结来看，具有股份化倾向的林业合作经济组织与成员的联系非常密切，在进行利益分配时，成员既可获得持有的股份分红，又可得到按照交易额分配所带来的盈利返还。详见表1-17。

表 1-17　要素契约

组织形式	具有股份化倾向的林业合作经济组织
进入权	以土地、资金、技术等一种或多种形式入股。股权不能转让、交易和变现，每人持股比例不同
退出权	退出受到限制
决策权	享有"一股一票"决策权
利润分配	按股分红＋按照交易额分配所带来的盈利返还

为了研究林业合作经济组织契约选择的差异化，本节主要进行带动农户数量和林地承包年限两个层面与契约选择之间的交叉统计分析。林业合作经济组织契约选择与带动农户数量之间的交叉统计结果为：林业合作经济组织的经营规模为带动农户数量介于20户及以下时，有41个林业合作经济组织选择典型商品契约，占比为14.24%；有106个林业合作经济组织选择商品契约，占比为36.81%；有141个林业合作经济组织选择要素契约模式，占比为48.95%。林业合作经济组织的经营规模为带动农户数量介于20~50户时，有10个林业合作经济组织选择典型商品契约，占比为12.99%；有22个林业合作经济组织选择商品契约，占比为28.57%；有45个林业合作经济组织选择要素契约模式，占比为58.44%。林业合作经济组织的经营规模为带动农户数量介于50~100户时，有4个林业合作经济组织选择典型商品契约，占比为12.50%；有10个林业合作经济组织选择商品契约，占比为31.25%；有18个林业合作经济组织选择要素契约模式，占比为56.25%。林业合作经济组织的经营规模为带动农户数量介于100~200户时，有5个林业合作经济组织选择典型商品契约，占比为14.29%；有12个林业合作经济组织选择商品契约，占比为34.29%；18个林业合作经济组织选择要素契约模式，占比为51.42%。林业合作经济组织的经营规模为带动农户数量高于200户时，有8个林业合作经济组织选择典型商品契约，占比为17.02%；有17个林业合作经济组织选择商品契约，占比为36.17%；22个林业合作经济组织选择要素契约模式，占比为46.81%（表1-18）。

表 1-18　林业合作经济组织带动农户数量与契约选择的交叉描述性统计

带动农户数量	契约选择					
	典型商品契约		商品契约		要素契约	
	个数	比例（%）	个数	比例（%）	个数	比例（%）
20 户及以下	41	14.24	106	36.81	141	48.95
20~50 户	10	12.99	22	28.57	45	58.44
50~100 户	4	12.50	10	31.25	18	56.25
100~200 户	5	14.29	12	34.29	18	51.42
200 户及以上	8	17.02	17	36.17	22	46.81
合计	68	14.20	167	34.86	244	50.94

数据来源：根据调查问卷的统计。

关于林地承包年限与契约选择的交叉统计，结果显示：林地承包年限低于10年及以下的林业合作经济组织，有10个选择典型商品契约，占比为15.63%；存在24个林业合作经济组织选择商品契约模式，占比为37.50%；有30个林业合作经济组织选择要素契约，占比为46.87%。当林业合作经济组织林地承包年限为11~20年时，选择典型商品契约的林业合作经济组织10个，占比为17.86%，选择商品契约的林业合作经济组织有15个，占比为26.78%，选择要素契约的林业合作经济组织31个，占比为55.36%。当林业合作经济组织林地承包年限为21~30年时，选择典型商品契约的林业合作经济组织有20个，占比为13.07%，选择商品契约的林业合作经济组织有62个，占比为40.52%，选择要素契约的林业合作经济组织71个，占比为46.41%。当林业合作经济组织林地承包年限为31~40年时，选择典型商品契约的林业合作经济组织有5个，占比为7.69%，选择商品契约的林业合作经济组织有20个，占比为30.77%，选择要素契约的林业合作经济组织40个，占比为61.54%。当林业合作经济组织林地承包年限为41~50年时，选择典型商品契约的林业合作经济组织有17个，占比为17.00%，选择商品契约的林业合作经济组织共计36个，占比为36.00%，选择要素契约的林业合作经济组织47个，占比为47.00%。当林业合作经济组织林地承包年限为大于50年时，选择典型商品契约的林业合作经济组织有6个，占比为14.63%，选择商品契约的林业合作经济组织共计10个，占比为24.39%，选择要素契约的林业合作经济组织25个，占比为60.98%。可见，随着林地承包年限的增长，林业合作经济组织在选择要素契约和商品契约的情形下，呈现出先增后减的趋势（表1-19）。

表1-19　林业合作经济组织林地承包年限与契约选择的交叉描述统计

林地承包年限	契约选择					
	典型商品契约		商品契约		要素契约	
	个数	比例（%）	个数	比例（%）	个数	比例（%）
10 年及以下	10	15.63	24	37.50	30	46.87
11~20 年	10	17.86	15	26.78	31	55.36
21~30 年	20	13.07	62	40.52	71	46.41
31~40 年	5	7.69	20	30.77	40	61.54
41~50 年	17	17.00	36	36.00	47	47.00
50 年及以上	6	14.63	10	24.39	25	60.98
合计	68	14.20	167	34.86	244	50.94

数据来源：根据调查问卷的统计。

四、林业合作经济组织契约选择的影响因素分析

本研究采用多元Logistic回归模型进行计量分析，得到回归结果见表1-20，总体模型的似然比检验$P= 0.0000<0.001$，即模型总体在1%的统计水平上显著，模型中至少有一个自变量的偏回归系数不为0，即模型的设定是有意义的。本研究采用方差膨胀因子检验模型是否存在多重共线性（VIF），模型中的11个自变量中，VIF平均值为1.62，VIF最大值为2.17，由此判断多重共线性在模型中并不会明显影响估计结果。

表 1-20　回归结果

变量	商品契约模式组织			典型商品契约模式组织		
	系数	Z 值	P 值	系数	Z 值	P 值
成员数量	−0.004406	−0.59	0.557	0.0167187	2.16	0.030**
林地面积	0.0007102	3.02	0.003***	−0.000897	−2.41	0.016**
林地质量	1.58507	3.34	0.001***	0.400265	1.15	0.251
林地承包期	0.066947	3.14	0.002***	−0.000787	−0.05	0.958
价格话语权	−0.133368	−0.20	0.841	0.6508767	1.34	0.179
内部管理程度	1.570561	3.25	0.001***	2.377047	6.15	0.000***
扶持力度	0.184425	0.52	0.603	−0.333073	−1.15	0.250
受教育年限	0.3317025	1.35	0.177	0.0477065	0.29	0.773
林业生产热情	−1.616486	−2.63	0.009***	−0.615571	−1.68	0.093*
管理者权威	0.9650326	1.86	0.063*	−0.654962	−1.74	0.082*
预期收益提高程度	0.0173508	1.96	0.050**	−0.000750	−0.11	0.913
常数项	−14.53369	−3.73	0.000***	−4.211905	−1.83	0.068*

Prob > chi2 = 0.0000	LR chi2(22) =125.48
	Pseudo R2 = 0.3898

注：***、**、* 分别代表在 1%、5%、10% 的统计水平上显著。

（一）组织特征类变量

相对于选择要素契约而言，林地面积对林业合作经济组织选择商品契约模式起到显著正向影响，在 1% 的统计水平上显著；林地面积对组织选择典型的商品契约模式起到显著的负向影响，在 5% 的统计水平上显著，即林地面积越大，越不愿意选择典型的商品契约模式。这与实际情况相符，当成员拥有的林地面积较小时，依靠林业增收的愿望并不特别强烈，通常选择加入管理较为松散的林业协会和传统的林业合作社为主，即选择典型的商品契约模式；当成员拥有的林业面积较大时，成员依靠林业增收的愿望与信心非常强烈，通常选择商品契约的林业合作经济组织，因为这类组织在管理程度上要优于典型的商品契约模式，但又具有一定的自主性，更能满足成员追求利益最大化的心理。

相对于选择要素契约而言，林地质量对选择商品契约有显著正向影响，在 1% 的统计水平上显著，即林地质量越差，越愿选择商品契约模式。林地质量对选择典型的商品契约起到正向影响，但并不显著。这与预期有所差异，分析原因发现，质量较好的林地通常面积不大，只有规模化生产才能更大限度地提高收益，这就使得成员在选择契约模式时更倾向于要素契约，统一生产，统一销售，降低成本，提高收益。

相对于选择要素契约而言，成员数量对选择商品契约起到负向影响，但并不显著；成员数量对选择典型的商品契约起到显著的正向影响，并在 5% 的统计水平上显著。这也与事实相符，当成员数量较多时，管理难度大，越愿意选择管理较为松散的典型的商品契约模式。

相对于选择要素契约而言，林地承包期对选择商品契约有显著正向影响，在 1% 的统计水平上显著；林地承包期对选择典型的商品契约起到负向影响，但并不显著。林地的承包期越长，农户越愿意选择商品契约，这与预期一致。承包期越长，自身从事林业生产的稳定性和持续性越强，越愿意选择自主性较强的商品契约模式。

（二）交易成本类变量

相对于选择要素契约而言，林业合作经济组织是否具有价格话语权，无论是对选择典型的商品契约还是选择商品契约都起到正向影响，但并不显著。这可能与选择的样本分布有关，认为自己有价格话语权的林业合作经济组织约占49%，和没有价格话语权的组织比例相当。从数据统计的角度而言，可能会导致分析结果不显著。

相对于选择要素契约而言，组织内部的管理程度无论是对选择商品契约还是选择典型的商品契约模式，都起到显著正向影响，并都在1%的统计水平上显著。这与预期一致，组织的内部管理越严格，管理和监督的成本就越低，交易成本就越低，选择要素契约的可能性就越大。

（三）政策因素类变量

相对于选择要素契约而言，政府对林业合作经济组织的扶持力度对选择商品契约和选择典型的商品契约分别起到正向影响和负向影响，但并不显著。即政府对林业合作经济组织的扶持力度越大，越愿意选择商品契约，反之，越愿意选择典型的商品契约。政府对林业合作经济组织扶持力度的大小反映了林业合作经济组织获得资金扶持、政策扶持、技术扶持力度的大小。力度越大，组织未来发展壮大的可能性越大，成员越愿意选择自己可能获利更高的商品契约模式。但导致这个变量影响不显著的原因，可能是目前调查的样本中，政府对组织的扶持力度并不大，对组织发展的作用不明显。

（四）组织成员特征类变量

相对于选择要素契约而言，成员的平均受教育年限对选择商品契约和典型的商品契约模式有正向影响，即成员的平均受教育年限越高，依靠自身能力获得林业收入的意愿越强，选择管理模式较为松散的商品契约和典型的商品契约的可能性越大，但影响效果并不显著。

相对于选择要素契约而言，成员的林业生产热情对选择商品契约起到显著的负向作用，在1%的统计水平上显著，林业生产热情越高，越愿意选择商品契约。成员的林业生产热情对选择典型的商品契约起到显著的正向作用，林业生产热情越低，越愿意选择典型的商品契约，在10%的统计水平上显著。这也与现实情况一致，林业生产热情非常高的成员，往往希望自己能够做生产决策，相对于要素契约而言，就会选择管理比较松散的商品契约模式。如果林业生产热情非常低，不以林业生产收入为追求，相对于要素契约而言，也会选择管理更为宽松的典型的商品契约。

相对于选择要素契约而言，管理者的威信度对选择商品契约起到显著的正向影响，在10%的统计水平上显著，即管理者的威信度越低，选择商品契约的可能性越大。对比要素契约和商品契约两种模式，由于管理者的威信高，成员加入组织增收的信心足，更愿意选择管理严格、统一经营的要素契约模式。相对于选择要素契约而言，管理者的威信度对选择典型的商品契约起到显著的负向影响，在10%的统计水平上显著，即管理者的威信度越高，选择典型的商品契约的可能性越大。如果管理者的威信足够高，成员认为无论加入何种契约模式的组织都能对自己的收入有益，这种情况下，作为有限理性的经济人，通常会选择对自己约束较少的契约模式，即选择典型的商品契约模式。

相对于选择要素契约而言，预期收益提高程度对选择商品契约起到显著的正向影响，并在5%的统计水平上显著，主要由于成员对加入组织后的林业收益有一个较高的预期，会选取有一定自主权的分红模式，即以交易额分配为主的商品契约模式。预期收益提高程度对选择典型的商品契约起到负向影响，但不显著。

通过调查分析，林业合作经济组织契约模式选择是复杂的决策过程，受多方因素的影响。为提升农民加入林业合作经济组织的积极性，减少契约选择的阻碍因素，组织内部管理程度对林业合作经济组织契约模式的选择起到显著影响。政府相关部门应加大力度，出台相应的政策文件，加大考核力度，引导林业合作经济组织规范运行；管理者对于农民加入组织时契约模式的选择也会有一定影响，因此要鼓励农村威信高、能力强的村干部或其他能人、大户带头组建林业合作经济组织，相关部门应加大对林业合作经济组织管理者的培训力度，从企业管理、市场营销等方面提升管理者的素养，最终提升组织的管理能力和运营能力；林业合作经济组织契约模式选择受到政府扶持力度的影响。虽然从上文不能推断哪种模式更好，但政府加大扶持力度，对于林业合作经济组织的发展必然具有积极影响。所以政府相关部门应从政策指引、产业支持、技术指导、资金扶持、人员培训等多角度进一步加大对林业合作经济组织的扶持力度，推动林业合作经济组织做大做强。

因此，本部分需要重点侧重于讨论各不确定性变量的边际效应，主要讨论多元Logistic回归的边际效应结果（表1-21）。成员数量越多，对于加入组织缴纳的公平衡量越不一致，越倾向于选择平均的会费和股金，选择典型商品契约的可能性显著提升0.003；林地面积越多和林地质量越好的林户，越倾向于选择具有较大经营决策权，选择商品契约的可能性显著提升0.026和0.075，现实中优质林地的面积稀缺，对于小规模的优质林地整体上还是倾向于商品契约型。然而林地承包期和价格话语权对林业合作经济组织模式的选择无显著性影响；林户对于内部管理严格的组织，股权交易、入会、退会受到严格约束，选择要素契约模式的可能性显著提升0.114；扶持力度和林户的平均受教育年限对林业合作经济组织契约模式的选择无显著性影响；林业生产热情越高涨的林户，对林业生产经营决策要求越高，选择商品契约型组织模式的可能性显著提升0.054；管理者权威度越高，林户对组织信任度越高，选择要素契约模式的可能性显著提升0.086；林户对预期收益提高程度越高，越倾向于自主经营获取更大的收益，选择要素契约模式的可能性显著提升0.047。

表 1-21　多元 Logistic 模型边际效应估计结果

变量	商品契约型组织		典型商品契约型组织		要素契约型组织	
	边际效应	Z 值	边际效应	Z 值	边际效应	Z 值
成员数量	−0.016** (0.020)	−0.91	0.003** (0.015)	0.21	0.006* (0.064)	0.0935
林地面积	0.026*** (0.0098)	2.63	0.008** (0.023)	0.36	0.001** (0.001)	1.45
林地质量	0.075** (0.044)	1.71	0.055** (0.033)	1.67	0.031** (0.03)	0.86
林地承包期	0.007 (0.118)	0.59	0.043* (0.085)	0.51	0.022 (0.24)	0.092
价格话语权	0.110* (0.092)	1.2	0.053 (0.16)	0.33	0.193 (0.122)	1.58
内部管理程度	0.136* (0.077)	1.76	0.097* (0.070)	1.38	0.114** (0.045)	2.54

（续）

变量	商品契约型组织		典型商品契约型组织		要素契约型组织	
	边际效应	Z值	边际效应	Z值	边际效应	Z值
扶持力度	0.232 (0.0989)	2.35	1.776 (0.811)	2.19	0.023 (0.071)	0.32
平均受教育 年限	0.121 (0.085)	1.42	0.101 (0.063)	0.16	0.224 (0.066)	3.4
林业生产热情	0.054** (0.025)	2.16	0.003** (0.015)	0.19	0.022** (0.015)	1.46
管理者权威	0.045** (0.023)	1.96	0.266 (0.193)	1.38	0.086** (0.018)	4.79
预期收益 提高程度	0.035** (0.024)	1.46	0.034** (0.039)	0.87	0.22** (0.047)	0.47

注：***、**、* 分别代表在 1%、5%、10% 的统计水平上显著。

从入社形式、利益分配、组织治理等角度，将林业合作经济组织的契约类型分为典型的商品契约、商品契约和要素契约3种模式。以制度经济学交易成本理论为基础，对林业合作经济组织契约选择的影响机理进行分析，提出组织特征、交易成本、政策因素、成员特征4个方面的因素影响林业合作经济组织契约选择，并选择多元Logistic模型对林业合作经济组织的契约选择影响因素进行实证分析和边际效应分析，得出以下主要结论：林地面积越小，组织选择管理较为松散的典型的商品契约模式的可能性越大；林地质量越高，组织选择要素契约的倾向性越大；成员数量越多，选择管理松散的典型的商品契约的可能性越大。林地的承包期越长，农户越愿意选择商品契约；林业合作经济组织是否具有价格话语权对契约模式的选择并不显著。组织的内部管理越严格，选择要素契约的可能性就越大；相对于选择要素契约而言，政府对林业合作经济组织的扶持力度对选择商品契约和选择典型的商品契约分别起到正向影响和负向影响，但并不显著；成员的平均受教育年限越高，选择管理模式较为松散的商品契约和典型的商品契约的可能性越大，但影响效果并不显著。林业生产热情越低，越愿意选择较为松散的典型的商品契约。管理者的威信度越低，选择商品契约的可能性越大。预期收益提高程度越高，选择商品契约模式的可能性越大。

研究结论和政策建议

本研究通过实地调研，发现集体林改推动实现共同富裕存在的政策机制问题，利用更新后的多层次长期大样本数据，分析集体林改对农户增收的影响，探讨林业合作经济组织与农户利益联结机制。基于前文的分析和讨论，可归纳为如下研究结论。

首先，农户对集体林改推动实现共同富裕的评价总体较高，认为集体林改相关政策措施总体公平，可以兼顾不同收入阶层农户的利益，有一定程度的益贫特点。

其次，在机制上，集体林改通过增强要素激励、强化生计策略选择、鼓励林地流转和提高信贷可得性4种途径，显著提高了农户家庭收入水平，促进农户林业收入和非农收入显著增加。

再次，集体林改对不同收入农户家庭总收入的影响存在明显差异，相比于高收入农户，低收入农户对山林的依赖程度更高，但非农就业机会相对缺乏，林地对低收入农户具有更强的经济收益功能和物质保障功能，突出表现为"益富更益贫"特点，集体林改能够在一定程度上缩小农村社会内部收入差距，有助于推动共同富裕。

最后，林业新型经营主体数量多，但发展层次低，农户参与新型林业经营主体的经营活动严重不足。林业合作组织与林农的利益联结机制不健全，利益分配仍以"保底收益"为主，运转状况一般且发挥功能有限。林业企业以为当地农户提供劳务机会为主，带动发展同类或上下游产业的能力不强。林农与林业新型经营主体之间尚未形成利益共享、风险共担的利益联结机制。

基于上述研究结论和发现，我们提出如下建议。

第一，集体林改能够显著提升农户家庭收入水平，表现出积极显著的政策效应，因此在深化集体林改工作中应该严格控制林地再调整，维持林地产权稳定，在此基础上解决集体林地林木权属不清、林权纠纷不断、责权利不明确、利益分配不合理等集体林改遗留问题，若这些问题得不到妥善处理，必然导致落实集体林改政策流于表面形式，因而有必要建立政策的纠偏机制，中央大政方针通过微调实现与地方特情的良好匹配，进而奠定促农增收工作的基础。

第二，不断完善林权交易市场体系建设，推动林地流转市场化、规范化，进一步打通林地使用权证与林地经营权证之间的通道。确权只是集体林改促农增收的基本前提，应进一步深化集体林改政策内涵，强化市场机制在林地要素配置中的主导作用，通过还权到赋能以切实促进林地权证在不同比较优势农户之间的合理流动，进而实现集体林改政策效应在流转双方间实现利益"共赢"。

第三，建立和完善林权抵押贷款风险补偿机制，减少金融机构在出现违约风险时的处置成本，提高金融机构提供信贷服务供给的积极性。在此基础上，进一步降低林权抵押贷款利率和信贷约束条件，以期实现多种生产要素的有效匹配来扩大农户获得生产资金的便捷渠道。

第四，在集体林改政策持续深化过程中，要充分考虑地区经济发展水平和森林资源禀赋的差异，加大对经济欠发达和森林资源丰富区域的政策支持力度，促使集体林改激励效果能够达到最佳。

第五，对于低收入农户和人力资本禀赋较差的农户而言，应考虑其自身局限性和经验性生产特征，鼓励其发展多元化林业经营模式，为其提供资金和政策支持。同时，通过强化技能培训和就业指导来提升就业竞争力，是实现农户家庭增收的重要路径。

第六，推动林业新型经营主体高质量发展，强化林业新型经营主体发展的保障扶持政策，尤其是要解决林业新型经营主体融资难和融资贵的问题，强化其带动农户发展同类或上下游产业的能力建设，对带动农户产业发展的给予特殊的优惠和扶持政策。

2022
集 体 林 权 制 度 改 革 监 测 报 告

深化 集体林权制度改革，
促进林草高质量发展

福 建

围绕推动出台和贯彻落实《深化集体林权制度改革方案》，国家林业和草原局发展研究中心于2023年3月深入福建省三明市和龙岩市武平县，开展了为期20天的专题调研。本文结合实地调研获得的一手资料，总结了三明市和龙岩市武平县深化集体林改的主要做法，针对调研中发现的问题和政策诉求，提出了相关政策建议。

一、主要做法

三明市和龙岩市武平县（以下简称两地）是全国集体林改的重要策源地，都是典型"八山一水一分田"的林业大县，林地面积分别为2848万亩和324.7万亩，占辖域总面积的比例分别为82.7%和82.3%。

20世纪80年代，两地在林业"三定"中围绕"山要怎么分"进行了有益探索，认识到并不是绝对地、完全地均分到户，而应坚持"以家庭承包和家庭联户承包为主线，多种形式并存"，因此产生了均山到组、均山到联户、均山到单户、股份制合作等多种形式。得益于当时改革打下了良好基础，新一轮集体林改启动后，两地均率先在全省完成了明晰产权的主体改革任务。

（一）"单家独户怎么办"，如何多手段提升生产经营效率

"分山到户"之后，林权结构小型化和分散化的经营问题凸显。"单家独户"的造林、采伐及交易费用等成本甚至超过森林经营的收益。为解决这些问题，两地进行了探索：一是培育规模经营主体。采取家庭联合经营、委托经营、合作制、股份制等形式组建林业经营实体。三明市已累计建立各类林业经营组织3098家，经营面积占全市集体商品林地的57%。二是建立林地流转体系。三明市依托沙县农村产权交易中心搭建交易平台，已累计完成林权交易653宗，成交额2.9亿元，覆盖三明全市及南平、龙岩、宁德、泉州等地市。三是推进场村合作经营。两地实行国有林场差异化绩效薪酬、场村合作带联户、跨场联建等机制，通过发行林票强化"场、村、农"三方利益联结。2019年以来，三明市省属国有林场开展合作经营

森林面积累计达17万亩，签约合作面积近30万亩，惠及林农6万多人，合作林地亩均出材量由6立方米提高到10立方米左右，亩均增收超过3000元。

（二）"钱从哪里来"，金融活水如何注入林业生产

长期以来，林权抵押贷款存在手续繁杂、抵押范围窄、处置困难等问题，制约了林农等经营者的有效融资。两地为此进行了以下探索：一是解决林权抵押处置难。三明市成立12家林权收储机构，与金融机构、林业经营组织建立林权抵押贷款风险共担机制。二是多途径为林农授信增信。通过农村合作基金、林票、碳票等形式增强融资授信。三明市推出福林贷、益林贷、林票贷等创新金融产品，已累计发放各类信贷174.33亿元。武平县创新建立林业金融区块链融资服务平台，将贷款申请周期从过去的15天大幅压减到2天左右。

（三）"树要怎么砍"，如何平衡好森林资源保护与利用关系

森林资源对农户生产经营至关重要，是重要的"钱库"。如何制定合理的管理、采伐制度，平衡好保护与利用的矛盾，既关乎森林可持续发展，也关乎农户切身利益。两地的探索包括：一是简化采伐审批流程。三明市沙县区开展采伐审批创新，全面推行30立方米以下告知承诺制，由林业工作站提供"一站式"服务，已累计办理承诺制采伐证98份1097立方米。二是放宽采伐年龄限制。依据《福建省森林采伐管理办法》，下调主伐年龄，杉木从26年下调到21年，马尾松从31年下调到21年，对实施小班经营法的放宽坡度限制。

（四）"生态产品价值怎么实现"，如何做到"不砍树也能致富"

两地通过开展森林分类经营，引导公益林比例高的地区进行产业结构调整转型，具体做法包括：一是培育产业新业态。依托林区生态资源优势，培育多种新模式新业态，如明溪县生态观鸟、大田县睡眠小镇、武平县紫灵芝、泰宁县红菇等。二是探索林业碳中和机制。三明市于2021年出台林业碳票碳减排量计量方法和管理办法，探索"碳汇+生态司法、金融保险、义务植树"等应用场景。武平县于2022年探索低碳社会信息管理平台，将普惠型林业碳汇项目开发纳入县域碳普惠体系。

（五）"森林怎么管"，如何转变思路提升管理效能

一是推行执法"一带三"模式。林业站与执法中队合署办公，站长兼任执法中队队长，带好林业站、执法中队和护林员三支队伍，整合人员力量，提升执法管护效能。二是加快林业数字化建设。三明市打造林业网上政务服务平台，建立"联防、联护、联动"管护机制，发挥全市131个基层林业站、2495名生态护林员的作用，配套手机APP、GPS、无人机等智慧化管理，实现森林资源管护全覆盖。三是推行社会化管护服务。永安市金盾森林管护公司建立"退役军人+网格化管理+生态监控体系平台"社会化管护服务体系，承接全市355万亩森林（占94%）管护任务，2012年被盗林木1760立方米、森林火灾20余起，如今实现零盗伐、零火灾。

二、存在的主要问题

（一）集体林权"三权分置"运行机制不活，制约集体林发展

一是承包期延续问题。近年来，两地陆续有农户集体林地承包到期，但农户对林地延包政策、期限等了解不清、预期不明，存在疑问。伴随人口增减和自然灾害，也出现一些农户

无地或者少地的状况。基层反映，土地延包须经村民会议三分之二以上成员或者三分之二以上村民代表同意，但因承包到期不同步、人口外出务工等因素，很难召集村民会议，也易产生矛盾纠纷。二是放活林地经营权效果不及预期。受观念陈旧、流转价格过低、流转交易手续复杂等影响，农民流转林地意愿不强，参与国有林场合作经营的大多是村集体保留、未承包到户的林地，农户承包的林地较少。

（二）集体林经营效益下降，影响林农造林营林积极性

经营效益下降主要表现为：一是公益林和天然林禁伐影响农户收益。以武平县为例，2022年公益林天然林生态补偿标准为23元/亩，只有商品林经营收益的8%~10%（以每亩杉木出材6~8立方米测算）。二是木材价格下跌而劳动力成本上升。自取消木材进口关税20年以来，木材价格不升反降。福建杉木价格2010—2019年长期维持800~1300元/立方米水平，如今更是降至600~1000元/立方米。另外，劳动用工成本不断攀升，以福建农业劳动用工（烟叶）为例，用工价从2010年的30元/天左右涨至2021年的90元/天左右，上涨200%。林业雇工成本更高，目前为250~300元/天，多以50~60岁劳动力为主，60岁以上因上山作业投保费用和年龄范围等因素受到限制。

（三）林区人口空心化、老龄化，给集体林长期保护与利用带来隐患

第七次人口普查显示，2021年三明市常住农村人口90.02万人，比2010年的122.36万人减少32.34万人，全市2021年仅3个区县常住总人口超过30万人，明溪县还不到10万人。另外，有7个区县60岁及以上人口占比超过20%，远超10%的人口老龄化定义标准。从预期影响看，主要为林业劳动力严重不足，未来很可能出现"无人营林"现象。

（四）国有林场带动集体林规模经营和农户致富增收能力受到限制

三明市开展场村合作效果较好的是13家省属国有林场，明显优于县属国有林场。一是国有林场合作经营林地范围有限。在合作造林、现有林合作经营、资源委托管理3种模式中，合作造林成本相对少（仅折算林地入股）、林地经营管理也容易，国有林场更愿意选择这一模式，2015—2022年累计吸纳集体林地4.97万亩开展合作造林，近两年平均每年约0.9万亩。二是国有林场经济实力有限。省属国有林场除省财政补助一部分事业费外，大部分的人员工资、管理费用等由国有林场自筹解决，开展合作经营所需投资及由此核增的绩效工资等也需林场自己承担。三是国有林场融资受限。大部分国有林场属于公益一类事业单位，不具备申请贷款资格。

（五）林区产业链向下游延伸度不足，导致产业发展整体不强

三明市林业第一产业集中于木材和竹材采伐、油茶等经济林和林下中药材种植。短板在于：除中药材本地产业链条比较健全外，其他产业链均过短。木竹加工产品比较单一，林下经济产品向食品工业延伸不足，油茶等经济林的加工产能不足。如大田县雷笋采挖后主要批发至上海市场，当产笋期与长三角地区同期，价格被压得极低。宁化县石壁镇忠鑫家庭林场是全省种植油茶面积最大的经营个体，种植面积达5000亩，目前，油茶林已处于丰产期，但本地缺少相应的加工产能，经营者担心收益受损。多数竹木加工厂产品单一，利用效率也不高。总体上，两地林业生产经营者大多处于生产初级产品或粗加工环节，规模普遍较小，难以做大做强。

（六）机械设备缺乏、与市场衔接度不够，限制林区生产经营集约化

大部分从事油茶和竹笋等林下经济生产的林农反映，当前愿意从事林业的劳动力少，雇工成本高，但又难以从市场上购置到适宜的小型机械。由于缺少国家政策支持，对市场需求有限、产品生命周期短等顾虑，高校、企业长期以来对研发便携简易的营造林及采伐运输设备、经济林园艺设备等小型专用型机械重视程度不够、积极性不高。现有林机设计制造也没有兼顾园艺作业需求，加上经济林品种、立地条件和种植模式本身不便于机械化作业，集体林区林业生产机械化程度普遍不高，限制了集约化经营。

三、推动深化集体林改的意见建议

深化集体林改事关生态文明建设和集体林区乡村振兴，应以"三权分置"为锚，加强顶层设计，找准具体抓手，系统谋划各项改革措施，推动改革全面发力增效，做大做强集体林"四库"。

（一）进一步明确和强化集体林产权，保护经营者合法权益

有权就有利、兴林能致富是集体林改的核心要义，要赋予集体林经营主体更清晰、更确定的权益。一是解决好承包权和经营权延期问题。严格保护农户承包权，确保绝大多数农户原有承包地继续保持稳定。对于承包期到期、未上缴林地使用费、缺乏管护的公益林与天然林，在充分尊重农民意愿的情况下，通过有偿退出的方式收回村集体管理分配。用材林到期的有林地，明确允许按树种主伐年限延长承包权、使用权，撂荒和未上缴林地使用费的应收回林地重新分配；到期的经济林经协商并收取林地使用费后，可延长林地使用年限，或对林下经济作物进行价值评估后收回使用权重新招标分配。二是提升林地经营权效能。支持以林地经营权入股参与股份制合作，不改变林地性质和用途，并依法登记颁证。通过林地经营权评估作价、限定最短入股期限、允许调换地块等方式，稳定公司、大户、合作社等对土地经营的预期。建立区域林权流转交易指导价，避免因价格过低导致农户权益受损。

（二）提升分类经营管理制度效能，增强集体林经营效益

新修订的《中华人民共和国森林法》（以下简称《森林法》）将分类经营作为修法重点，而地方在实施过程中，普遍存在"分类"后"经营"跟不上。一是要鼓励林业复合经营模式，引导长期产业和中短产业有机结合，一方面通过抚育间伐和择伐培育优质大径级木材，静待市场价格回暖；另一方面兼顾短期收益，鼓励开展林下特色种植养殖、林业碳汇、森林旅游等。二是建立公益林经营负面清单，明确公益林、天然林内禁止和限制的经营活动类型，在落实重点生态功能区保护要求的同时，更好发挥市场在资源配置中的作用。

（三）加强林区人才队伍建设，实现"绿水青山留住人"

一是实施高素质林农培育计划，培育青年创业带头人、职业经理人，提高培训实效。二是完善城市林业专业技术人才定期服务激励机制，对长期服务乡村的，在职务晋升、职称评定等方面予以倾斜。三是鼓励支持返乡退伍军人从事森林管护、森林防火、有害生物防治、野生动物保护、应急救援支持等社会化服务，对相关企业在资金补贴、税收优惠、项目支持等方面予以倾斜。

（四）引导社会资本"进山入林"，发力产业链条中下游

只有产业兴，百姓才能富。当前，集体林区林业产业补短板应着力鼓励和引导社会资本介入，培育龙头企业从事林产品精深加工，延伸产业链和价值链。一是地方政府及主管部门谋划好社会资本"进山入林"的产业方向，引导和支持社会资本参与林业精深加工产业发展，通过做大做强"二产"带动"一产"发展，避免上山与农民"争地、囤地"。二是培育林业加工龙头企业。重点支持一批龙头企业更好发挥示范引领、产品辐射、技术规范、营销网络等作用，带动更多中小企业、新型经营主体和农户发展致富。

（五）加快专用小型林业装备研发，提升林机园艺融合应用水平

立足林区条件和经营过程中的设施短板，推动林业机械生产研发与需求有效衔接。一是加大对简易、便携、低价林业机械研发、生产、应用的政策支持，如林区轨道运输机、割灌机、刨竹机、疫木粉碎机等，推动将专用小型林业机械纳入中央财政资金补贴机具种类范围。二是推动以经济林为主的林机园艺融合，推动多学科科技人员合作创新，开展油茶、林果等林机园艺标准化建设项目试点，形成一批实用性强的林机园艺融合机械化生产技术规范和配套方案。

广　东

　　我国有集体林地28.93亿亩，占全国林地面积的60%，涉及1亿多农户。集体林是广大林农的重要生产资料，是我国重要的生态屏障和林产品供应基地，对保障国家木材粮油安全、应对气候变化、巩固拓展脱贫攻坚成果意义重大。2008年，中共中央、国务院出台了《关于全面推进集体林权制度改革的意见》，标志着集体林改全面推进。这场改革把集体林产权落实到户，是我国继家庭联产承包责任制后又一场土地使用制度的重大变革。通过林改，集体林资源得到培育加强，全国集体林森林蓄积量较林改前增长近24亿立方米。集体林权流转稳步推进，新型经营主体达29.43万个，经营林地2.8亿多亩。

　　我国集体林改虽然取得了较好成效，但是集体林业综合效益不高，林农和社会资本经营林地的积极性不高，如何打通实现生态美百姓富的"最后一公里"已经成为当前亟待解决的问题。为进一步深化集体林改，为探索林改体制机制创新提供决策依据，国家林业和草原局发展研究中心调研组于2022年8月2~8日对广东省河源市和平县、东源县，梅州市梅县区、蕉岭县，以及清远市英德市进行了实地考察，与广东省林业局、和平县林业局、东源县林业局、河源市林业局、梅州市林业局、梅县区林业局、蕉岭县林业局以及英德市林业局主要负责人和相关职能部门进行了深入交流与座谈。

　　本报告拟在总结调研市、县（区）和广东省林改情况的基础上，分析广东省集体林改的有益经验和做法，针对目前存在的问题和困难，提出进一步完善林改的对策和建议。

一、现　状

　　改革开放以来，我国林改可分为"探索阶段—深化阶段—全面推进"3个阶段。各个阶段的影响因素和目标各不相同。林改探索阶段是以林业"三定"为主，即从1981年6月进行稳定山林权、划定自留山和确定林业生产责任制的林业"三定"工作，主要是农户与村集体、农户与农户之间的权责利划分。林改深化阶段是集体林权制度进入深化改革的实质性推进阶段，进行了以"明晰所有权，放活经营权、落实处置权，确保收益权"为主要内容的林改大胆探索，确立了农民的经营主体地位。林改全面推进阶段即2008年启动的新一轮林改至今，包括进一步放活集体林经营权改革，加快建立集体林地三权分置运行机制等内容。广东省各地森林资源禀赋、经济发展程度各不相同，因此新一轮林改情况非常复杂。特别是涉及三权分置运行机制，因此集体林权主体内部（农户与农户、农户与村集体经济组织），集体林权主体与地方政府、与社会经济环境（金融、保险、产业、市场）的交集日益增加，各种影响因素错综复杂，交集叠加，工作难度和复杂度都大大增加。

本次报告首先总结调研县（区、市）的林改情况，了解新一轮林改面临的新发展格局和问题，然后再从整体上总结广东省林改情况。

（一）调研县（区、市）林改情况

1. 和平县

（1）基本情况

和平县共辖17个镇，216个行政村，3543个村民小组，人口共56万人。全县林业用地面积270.4万亩，其中：以自留山形式管理的林地面积215.4万亩，责任山面积30万亩，集体统一经营管理面积25万亩。目前，全县已完成林地所有权外业勘界确权面积265.1万亩，占全县纳入林改林地面积的98%；完成林地使用权外业勘界确权面积232.5万亩，占全县纳入林改林地面积的86%；完成外业勘界确权林地26.4万宗；完成林地使用权核发打证面积172.92万亩，核发林权证6.36万本；完善林权登记档案资料整理、归档6548卷，涉及50962户农户，共19.05万宗林地。

（2）做法与成效

一是领导高度重视，确保组织保障。成立了深化集体林改领导小组，出台制定了《和平县深化集体林权制度改革工作实施方案》并下发各镇、村。全县17个镇相应成立了镇村的林改工作领导小组，形成了县、镇、村"三级书记"亲自抓、分管领导具体抓、村组书记组织实施的林改领导工作格局。二是严谨细致，抓好明晰产权核心工作。在林改的组织实施中，严格按有关确权程序和《广东省集体林权制度改革林权勘界登记发证操作技术规定》进行操作，即按照申请登记、受理审核、公示、勘界确权、二榜公示、核发林权证等程序操作。三是多次举办林改操作技术培训工作，同时从黄石坳省级自然保护区、河源市国营黎明林场、江西定南林业局、广州华南农林学院等单位聘请了近百名技术人员进行外业勘界勾图、确权登记工作。

2. 东源县

（1）基本情况

东源县（库外）原林业用地面积276.9万亩，森林覆盖率70.14%，纳入林改集体林地面积277.1万亩（其中集体统一经营林地面积106万亩），涉及15个乡镇，197个村委会，1175个村民小组，参与林改农户8.6万户。截至目前，全县完成了261.1万亩林地确权工作，确权率96.5%，完成林权证打印3.3万本261.1万亩，林权发证率达到60%；完成股权证填证2.6万本100万亩；调处林权纠纷1029起。

（2）做法与成效

一是成立林改工作领导小组。深化林改工作以来，以"先易后难、循序渐进"为原则，成立深化林改工作领导小组，县、镇、村三级坚持"机构不撤、人员不散、工作不断"，结合实际制定了实施方案。二是投入专项资金加强林改工作软硬件建设，深化确权工作。聘请省林业调查规划院专业技术人员参与和指导外业勘查，同时认真调处、排解纠纷，强化档案建设，积极引导产业发展，促进绿富双赢。深化林改工作新增完成外业勘界面积5.4万亩，发放林权证942本。三是主动与自然资源部门对接，做好林权类不动产登记档案移交及存量数据整合工作。编制林权类不动产登记办事指南，将林权电子档案移交不动产登记部门，目前已启动办证流程并顺利办理5本林权类不动产权证；正在开展纸质档案的数据整合入库工作。

3. 河源市

主要做法和成效：一是做好林权登记与衔接工作。开展集体林改以来，组织各县（区）对集体林地进行外业登记，明晰产权，并依法进行林权勘界、登记、发证。根据《广东省完善集体林权制度的实施方案》精神，目前，林业部门与自然资源部门正积极沟通协调林权数据整合、档案移交、林权类不动产登记等事宜，切实做好林权登记与自然资源部门的有序衔接，2022年8月底前可全面完成对接移交。据统计，目前林权证发证总面积101.96万公顷，发证总宗地数50.24万宗。二是加大林权争议调处力度。扎实开展山林纠纷矛盾化解工作，加强与自然资源、司法等部门的沟通协作，针对积案多、任务重、压力大的特点，落实领导包案制，以地毯式排查、协调解决、集中调处等办法大力排查化解矛盾纠纷，较好地维护了林区秩序稳定。据统计，2017年以来全市受理山林纠纷案件929宗，调处712宗，调处率达76.64%，未调处的案件正持续跟进办理中。三是推动林下经济稳步发展。立足河源森林资源实际，以"公司+基地+农户（合作社）"的经营模式，大力发展南药、油茶等林下经济。落实专项资金补助，积极争取中央、省财政支持，对新造、低产改造的油茶进行专项资金补助，提高企业（农户）新建油茶林及改造低产低效油茶林的积极性，提升油茶种植科学化、标准化、规范化水平。完善激励机制建设，对新种、改造油茶低产林给予一次性补助。拓宽油茶销售渠道，加强与电商平台合作，开展形式多样的茶油产品网络促销活动，扩大河源油茶品牌的知名度。成功创建国家林下经济示范基地2个，省级林下经济示范基地14个，市级林下经济示范基地23个。四是引导林地林木有序流转。依法管理和规范林权流转行为，引导和鼓励山林经营者在依法、自愿、有偿、不改变林地用途和所有权的前提下，采取转让、转包、出租、互换、入股、抵押等方式流转林地使用权、经营权和林木所有权。同时，加强流转监管，引导流转双方应用集体林权流转合同范本，并在签订合同后向当地镇级林业工作部门备案。据统计，目前全市林地经营权流转面积257.18万亩，有效放活了林权承包经营权。五是推进镇村林场规范发展。牢固树立"绿水青山就是金山银山"的发展理念，推进镇村林场规范发展，推动乡村绿化美化，改善乡村人居生态环境，促进集体林业规模化经营，拓宽农民就业、创业和增收渠道，助力乡村振兴。镇政府或村集体把镇村林场发包给个人、专业合作社、企业等经营主体进行经营管理，通过发展林下种植、林下养殖、种养结合等林业经济，带动农民就业、增加农民收入。据统计，河源市现有镇村林场33个，大部分成立于20世纪六七十年代，经营总面积10.2万亩，流转面积3.79万亩。成功创建"广东省十大样板镇村林场"2个。六是培育新型林业经营主体。适度集约集体林地，突出地方特色，因地制宜规划建设一批有规模、有特色的新型林业产业基地，在发展绿色、无公害、有机林产品上实现新突破。大力推动林下种植，适度发展林下养殖，创新发展模式，积极探索建立"企业+合作组织+基地+农户"的产业化运作模式，提高林业经济组织化和集约化水平。成功创建省级林业专业合作社示范社12个，省级示范家庭林场5个，省级林业龙头企业40家，南粤"森林人家"3家。探索"生态+乡村"的旅游产业发展新模式。河源市积极发挥旅游资源丰富的优势，主动申报省级森林特色旅游路线，大力培育森林康养新业态，积极推进实施森林康养基地建设，鼓励各乡镇申报广东省森林小镇。目前，全市入选省级森林旅游特色线路6条，入选省级森林旅游新兴品牌地7个，成功申报1个国家级、3个省级森林康养基地。七是深化集体林业投融资改革。不断创新集体林业投融资模式，积极推进林权抵押贷款以及林业经营收益权、公益林补偿收益权、天然林停伐补助收益权质押担保贷款，进一步提高森林保险承保面积，积极引导社会、金融资本参与林业生态建设，破解林业融资难的问题。林业建设资金的来源打破了过去长期依靠政府的局面，林业建设主体实现了由过去单一行业建设向社会多元化参与的转变。据统计，目前全市抵押林地面积21.91万亩，抵押贷款余额43543万元，质押林地面积3.63万亩，质押贷款余额4100万元。2021年度全市森林保险投保面积1167.11万亩，投保金额3136.95万元，赔付金额469.68万元。

4. 梅州市

（1）基本情况

梅州市是"八山一水一分田"的山区市，现有林地面积118.91万公顷（1783.65万亩），森林覆盖率74.52%，森林蓄积量6688万立方米；有省级生态公益林面积1030.95万亩。2015年3月1日，国务院《不动产登记暂行条例》正式施行，林地林木权属正式纳入不动产统一登记。目前全市共发放林权类不动产登记证732本；重新审核完善林权证本数132725本，涉及林地面积773.6万亩。

（2）主要做法与成效

一是强化完善集体林改工作。首先，加强各县的督导和材料的查漏补缺，对梅州市确定为深化林改工作的重点县按照"有机构、有队伍、有方案、有经费、有成效"的要求，继续抓好深化林改工作，确保林地林木流转工作有成效；其次，把完善集体林改工作与助推乡村振兴工作有机结合起来，成为惠民工程；再次，指导各地继续完善原始资料档案，加强与不动产登记机构的沟通协调，做好档案资料的移交工作等有效衔接，截至目前，梅江区、平远县和蕉岭县已完成资料的移交工作。二是推进集体林地三权分置。2015年2月，蕉岭县被列为全国集体林业综合改革试验示范区试点，在集体林地所有权、承包权、经营权"三权分置"，林业要素市场，林权流转机制，集体资产股份权能改革四个方面开展试点工作。全市深化集体林改工作进一步明晰了林权，确立林农的经营主体地位，赋予林农更多的发展权力。三是加强林地林木流转。首先，执行省林业厅出台的林地林木流转管理实施办法，确保林农合法权益得到有效保护。2014年5月20日，梅州林业产权流转服务平台正式启动，按照"政府主导、部门监管、企业运作"的模式运作开展林权流转，鼓励和引导林农采取出租、转包或入股的方式，将林地经营权和林木所有权依法流转专业合作社、龙头企业经营管理；其次，加强流转管理，严格按照《中华人民共和国农村土地承包法》（以下简称《农村土地承包法》）按照公平、公正、公开的原则，做好流转管理工作。据初步统计，全市共流转林地面积80.25万亩。四是加强生态公益林经营管理。实行生态公益林分级经营管理，合理界定保护等级，采取相应的利用和管理措施，引导生态公益林经营者开展林下养蜂、南药种植等非木质经济产业。同时，积极开展生态公益林示范区建设工作，到2018年，共建设生态公益林示范区14个，成为展示梅州市生态公益林建设成果的窗口。五是妥善处理山林纠纷。在林权制度改革过程中，严格遵循《森林法》《农村土地承包法》的要求开展工作，以尊重历史和确保林区社会稳定为原则，积极稳妥处理林权纠纷，确保集体林改顺利开展。六是扶持一批绿色惠民产业。结合全市林下种植的品种以南药、油茶、茶叶等为主，林下养殖发展以林蜂、家禽为主；采集品种以竹笋、红菇等为主等情况，大力发展区域特色的林业产业，建设了以梅片树、红豆杉、有机绿茶和林下养蜂等一批高效种、养示范基地。截至目前，梅州市创建林下经济示范基地国家级有6个、省级有34个、省林下经济扶贫示范县7个和经济林项目20个。七是培育一批新型经营主体。首先，通过培育国家、省级林业龙头企业，推广"龙头企业+合作社+基地+农户"等经营模式，如种植梅片树以广东华清园生物科技有限公司为龙头辐射带动农户种植8000多亩；养蜂产业以蕉岭桂岭蜂业科技有限公司为龙头辐射带动养蜂户3000多户等，促进农民增收。到目前，全市培育国家林业重点龙头企业有8家，省级林业龙头企业有103家。其次，积极开展森林康养示范基地创建工作，至目前，梅州市南寿峰健康产业园和广东瑞山高新农业生态园被认定为省级森林康养基地（试点）。

5. 梅县区

（1）基本情况

全区森林面积280.3万亩，林地面积273.5万亩（含梅南林场），森林覆盖率达75.54%，森林蓄积量1225.38万立方米。梅县区林地所有权确权工作于2010年全面启动，2011年年底基本完成，涉及18个镇，1个高管会，383个村，4521个村民小组，11.8万户共50.8万人。至2012年，全县完成林地所有权宗地确权面积301.8万亩，占97.8%（包含原西阳镇26.21万亩，西阳镇已于2012年年底划归梅江区管理）；林地使用权宗地确权面积293万亩，占94.9%。全区林地、林权流转办证共11457宗，并按要求将已办理的集体林改所有的林权确权档案，包括已办理好的林权证（纸质和数据材料、林权系统）移交至梅州市自然资源局梅县分局（不动产管理部门）保管存档。

（2）主要做法与成效

一是培育新型林业经营主体。梅县区努力践行"绿水青山就是金山银山"的发展理念，科学优化林业产业经济发展布局，进一步推动了全区林业经济发展。近年来，梅县区因地制宜，科学规划，大力发展林业产业，促进林业产业向规模化、产业化发展，形成"公司+基地+农户"的模式发展林业经济，推动林业产业规模化、产业化发展。至目前，全区发展林下经济总面积12.445万亩，林下经济总产值47259万元。梅县区共有2家国家级林业龙头企业、1家国家林下经济示范基地、8家省级龙头企业、1家省级森林康养基地、5家省级林下经济示范基地、2家特色经济林单位。建成了油茶基地、珍贵树种基地、石斛基地等一批规模大、效益好、带动力强的种植示范基地。二是积极推进林业生态产品价值实现。首先，积极重视林业产业的发展，将产业相关政策法规及信息资源推送到各林业经济企业及农户。目前，油茶低改初见成效。2020年、2021年共争取油茶低改中央财政林业改革发展资金712.3万元，实施油茶低改面积15000亩，通过油茶低改抚育，改善油茶林分质量，增加油茶产量，实现农民致富、产业振兴。此外，做好食用林产品的质量安全检测工作。2020年、2021年共投入资金30万元，检测全区食用林产品、土壤75批次，全部食用林产品检测均合格，满足了人民群众对美好生活的食品安全需要；2022年启动45批次的食用林产品安全监测工作。

6. 蕉岭县

主要做法与成效：一是规范林权流转，激发改革活力。蕉岭县始终坚持全面深化集体林权和国有林场制度改革，引导林地经营权有序流转，进一步激发群众造林的积极性，激活林业经济发展机制，把林业资源优势转化为经济优势。2014年，全县以全国农村土地承包经营权确权登记颁证试点工作为契机，建立县、镇、村三级产权交易平台，挂牌成立广东首个县级农村产权交易中心。对林权流转原则、范围、管理、登记等进行了规范。强化各级政府和林业主管部门的监督职能，严格执行国有和集体林权进场交易制度，禁止场外交易，规范林地林木流转行为，促进了林权公平、公正交易。近年来，县国有林场从周边村流转林地10多万亩，涉及农户2000多户。流转后，由林场统一经营和管理，并全部纳入省级生态公益林，补助资金全部返拨回相关农户，每年返拨资金达200多万元，让周边群众真正得到"管山、护林"的实惠。国有长潭库区林场通过群众转让林权，完善龙飞畲名木古树园、盘龙桫椤珍稀园和羊尾坑百竹园科普路径等建设工作，竖立景区森林防火和旅游宣传牌一批，切实保护林场生物多样性、维持生态系统稳定，引导群众和社会教育机构、学校、科研机构走进自然、体验自然。皇佑笔林场开展竹林流转，帮助企业收储分散竹林，进行集中管理、统一经营。二是着眼生态产品价值提升、发展特色产业。全县坚持因地制宜、因区施策、因势利导，指导国有林场扎实开展林改"回头看"，持续稳定落实林地产权，进一步解放和发展生产力，促进林地适度规模经营，走集约化、专业化、规模化之路，提高林地产出率，以适应现代林业发展要求。着力抓好林业产业化建设，大力发展以毛竹产业和以茶叶、蜂蜜为主的林下种植、林下养殖，相关林产品采集加工等为主要内容的林业经济。为进一步加深林场改革成效，通过邀请专家对林场的土壤、植被等要素进行调研、分析，筛选出多个适宜种植、养殖条件的地段，鼓励林场职工在专家的指导下开展林下种植、养殖等工作，建立示范点。再通过宣传、组织培训、实地考察等方式，切实提升林农的林下种植、养殖水平，带动周边群众进行林下经济发展，达到富民增收的目的。蕉岭县两个国有林场是毛竹主要分布区域之一。近年来，全县坚持"绿水青山就是金山银山"的发展理念，立足毛竹资源丰富的优势，采取"政府+科技+企业"的方式，开展毛竹林下种植食用菌、南药科研试验，轨道运输示范及企业产品展示等，努力打造毛竹一、二、三产业深度融合，乡村振兴，生态产业化、产业生态化的示范基地。首先，开展"竹+菇"科研试验示范。与企业合作共同引进中国林业科学研究院亚热带林业研究所开展毛竹林下种植竹荪、大球盖菇、黑鸡枞等食用菌，探索出最适合蕉岭发展的"竹+菌"技术模式，为广大竹农提供技术示范和模式参考。其次，开展"竹+药"科研试验示范。引进梅州市农林科学院林业研究所开展竹林下种植五指毛桃、白及、黑老虎、鸡血藤等南药，探索出最适合蕉岭发展的"竹+药"技术模式，为广大竹农提供技术示范和模式参考。再次，开展轨道运输示范。按照地形走势和生产实际的要求，修建竹材运输轨道。通过运输轨道全面解决了交通不便导致的竹林的肥料、苗木和竹材等运输难题，为广大农户种竹、管竹提供全新的、高效的生产方式示范。三是培育新型林业经营主体，以点带面推进产业发展。两个国有林场先后合作的各类协会、专业合作社共有20个。其中，蕉岭县养蜂协会被国家科协、财政部评为"科普惠农兴村先进单位"，蕉岭县桂岭蜂蜜专业合作社被广东省农业厅评为"省级农民专业合作经济组织示范单位"。目前，与两个国有林场合作的林业龙头企业3家、国家级林下经济示范基地1个、省级林下经济示范基地1个。林业协会、专业合作社及林业龙头企业，采取"公司+协会（合作社）+基地+农户"的运营模式，引导林农开展标准化生产和产业化经营，提高林业生产经营的组织化程度，适应本土特色生态产业发展的需要，助推乡村振兴发展和林下经济发展，涉林产品有蕉岭冬笋、蕉岭绿茶、桂岭蜂蜜，都被授予"国家地理保护标志产品"，为全县林业经济作出了较好的示范。四是积极探索，发展森林康养。蕉岭县国有林场围绕创建全域旅游示范区，擦亮全国森林康养基地试点建设县这一"国字号"金名片，大力发展森林旅游产业，加快林旅康养融合发展，充分利用区内自然、景观资源优势引导林场群众发展种养、水上游船等多种经营项目，以及"生态乐""农家乐"等具有自然特色的服务行业，大力发展生态旅游经济。现有农家乐17家、特色餐饮14家、酒店度假村2家，且2022年上半年接待游客约为6万人次，为周边群众增加旅游业收入数百万元以上，促进了林场周边地区的和谐、协调和可持续发展。同时，积极协调周边县、镇、村的关系，加强联防联治，及时妥善处理各种矛盾纠纷，确保各项工作顺利开展。在辖区内的长潭、长东管区一些壳斗科资源丰富的地段，发展蕉岭特有的林下经济"红菇"林菌示范点以及林药等多种模式的林下经济建设，以充分发挥公益林的生态价值，科学经营林地，促进当地的经济、社会、生态效益的可持续发展。

7. 英德市

主要做法与成效：一是积极配合、协助不动产登记机构做好林权登记、流转等工作。2017年12月1日至2022年4月22日，林地所有权登记宗数569宗，登记面积8627公顷，林权转移登记925宗，林权转移登记面积14482公顷。二是扎实做好林权制度改革，稳定集体林地承包关系。在林权综合监管系统使用的工作中，英德市被选为林权综合监管系统使用试点单位，林业局认真组织工作人员进行网上林权综合监管系统业务培训，通过学习并在林权综合系统测试版上操作，基本掌握了林权信息的录入操作。三是培育壮大林业专业合作社及林业企业。随着林业产业的不断发展，林业专业合作社及企业不断壮大，目前全市已有家庭农场及专业合作社共32个，林业企业384个，林业龙头企业2家。四是通过林地入股的形式，积极培育新型林业经营主体。首先通过林权登记确权工作，确保集体林地所有权权属清晰，通过引进公司经营，村集体以林地入股的形式开发经营，共同发展，建立了"村集体以林地入股分红"股份式的利益联结机制。例如，英德市国业旅游开发有限公司开发了洞天仙境生态旅游度假区和九龙小镇国家生态农业度假区，景区共占地8500亩，通过村集体用荒山入股形式开发旅游项目，村集体和村民每年有固定分红收益，解决了当地约300人的就业问题，辐射带动了当地村民农副产品销售、农家乐等经济收入，龙头带动作用真正实现林业产业带动林农增收。清远金清远丰产林公司同样通过村集体林地入股形式，种植桉树，种植、抚育等资金投入由公司负责，桉树成熟后采伐的收益由村集体与公司分成的模式，目前合作经营的林地约9万亩，通过合作带动了当地约1000人的就业。五是深化集体林业投融资改革工作。加强沟通，协助配合有关部门做好林权抵押贷款登记和林权抵押贷款业务，为林业建设发展提供有力的融资支持。据统计，全市2022年第一季度末抵押林地面积8312亩，抵押贷款余额约2755万元。六是大力发展林下经济。落实"绿色"发展理念，推行绿色生产方式，大力发展以林下种植、林下养殖、林产品采集加工、森林景观利用、森林康养基地建设等为主的林下经济，着力将林下经济培育成农村林业发展新产业新业态，为社会提供绿色优质生态产品，拓宽林农增收致富渠道，助推精准扶贫精准脱贫向乡村振兴转轨衔接。全市竹子资源约63万亩，茶叶资源约17.32万亩，正打造英德红茶、麻竹笋等"清"字特色农产品品牌，打造成百亿产值农业产业。大力发展油茶产业，全市目前油茶种植面积约1.25万亩，宏烨农业发展有限公司2022年在连江口镇连樟村委田心村民小组投资新建油茶深加工产业项目，形成了种植、加工、提炼一体化经营格局。通过产业带动了附近村组闲散劳动力200余人的就业。七是充分利用生态公益林补偿资金，加快乡村建设。随着补偿标准提高，全市省级以上生态公益林补偿资金约9000万元。生态林面积较大的村集体充分利用补偿金，投入到乡村振兴的基础设施方面，助推乡村振兴。八是探索集体林业开展碳汇项目，结合目前碳汇交易的相关政策，积极协助村集体碳汇项目落地。2020年，横石塘镇省定贫困村龙华村、前锋村林业碳汇碳普惠项目在广州碳排放权交易所完成交易，总计5105吨碳普惠制核证减排量以36元/吨价格成交，创造了龙华村约13万元、前锋村约5万元，总计约18万元的无污染经济收入。不仅为贫困村增加集体收入发掘了新的绿色增长点，更让村民真切体会到了"绿水青山就是金山银山"，增添了"既要经济效益，也要生态环境"的内生动力。

（二）广东省林改情况

广东省是我国南方十大重点集体林区之一，属于"七山一水二分田"林业大省，集体林占林地总面积的91.5%。全省林业用地面积1101.6万公顷，有林地面积927.4万公顷，林木蓄积量3.81亿立方米，森林覆盖率55.9%。全省有省级以上生态公益林476.6公顷，占林业用地面积的45%，位居全国前列，其中林分质量好的一二类生态公益林达85%。全省现有58个国家级、省级自然保护区，面积53.2万公顷。其中林地面积48.9万公顷，非林地面积4.3万公顷。省级以上保护区仅11个完全是国有土地，有22个全部是集体土地。自然保护区中集体林面积占81%，集体林对全省生态环境安全有着决定性的作用，维护集体林生态安全是广东省集体林改的核心目标。

自中共中央、国务院《关于全面推进集体林权制度改革的意见》开启广东省新一轮集体林改以来，广东省林改工作的主要做法和成效可分为全面推进、完善和深化集体林改三个阶段。

1. 全面推进阶段

广东省自2008年全面推进集体林改以来，截至2011年12月底，基本完成了林改任务。一是全省完成了林地确权和林权证发放任务。全省完成外业勘界1.43亿亩，占全省林改面积的97.7%；完成宗地确权面积1.41亿亩，林地确权率为96.6%；发放林地使用权林权证108.1万本，发证面积共1.37亿亩，占全省林改面积的93.4%；发放集体山林股份权益证书823万本，涉及林地面积9094.7万亩；通过林改共调处山林纠纷2.7万宗，涉及争议林地面积492万亩，调处率为89.2%。二是基本完成基层林业体制改革。1143个林业工作站和179个木材检查站落实定员定编8269人，人员经费全额纳入地方财政核拨。三是完善了林业社会化服务体系。加强了林业社会化服务工作，建立林权管理机制，做好林权确认、转让交易、登记办证和信息发布等一站式管理服务，建设林业产权交易中心，推进了林业投融资改革。郁南、仁化、遂溪等64个县（市、区）单独设置了林权登记管理机构；广州、珠海、东莞等6个地级以上市建立了市级林业产权交易服务管理机构；四会、龙门等79个县（市、区）建立了林业产权交易服务管理机构；紫金、翁源等68个县（市、区）成立了森林资源资产评估机构；69个县

（市、区）成立1221个农民林业专业合作社；全省累计发放林权抵押贷款55亿元。全省所有涉及林改的县（市、区）通过验收，其中三分之二的县（市、区）达到优秀等级。

2. 完善集体林改阶段

2017年，广东省按照《国务院办公厅关于完善集体林权制度的意见》，根据上一轮集体林改实施过程中存在山林确权纠纷、林权流转不规范、配套改革不足等问题，印发了《广东省完善集体林权制度实施方案》，从稳定集体林地承包关系、强化林地林木流转管理、落实生产经营自主权、引导集体林适度规模经营和加大对集体林业政策扶持力度等5个方面，进一步完善集体林改，2020年实现"集体林业良性发展机制基本形成，集体林地所有权、承包权、经营权分置运行机制逐渐建立，各项权能进一步明晰，森林分类经营管理制度逐步完善，林地林木流转进一步规范，林权抵押和政策性森林保险覆盖面进一步拓宽，集体林地服务体系和经营管理水平明显提升"的目标。

3. 深化集体林改阶段

一是结合林业改革综合发展综合试点，进一步深化集体林改。2021年，广东省林业局印发《关于开展林业改革发展综合试点工作的通知》，将广州、韶关"两市五县"作为开展省级林业改革发展的综合试点。韶关市和下辖仁化、乳源和南雄3个县（市）政府印发了林业改革发展综合试点工作实施方案，从优化林权类不动产登记管理制度、完善林业经营管理机制、完善林木采伐管理制度、发展新型林业经营主体等四个方面进一步深化集体林改。目前，广州、韶关"两市五县"省级林业改革发展综合试点工作有序推进。二是组织全省各市、县林业主管部门全面启用全国林权综合监管系统。通过全面启动全国林权综合监管系统，为进一步加强全省林权流转监管、规范林地林木流转、维护林农合法权益打下了坚实的基础。三是进一步强化镇村林场等新型林业经营主体规范发展。推选认定2021年广东省十大样板镇村林场，认定省示范家庭林场3个、省林业专业合作社示范社13个。四是积极推广"企业+基地+农户"产业化运作模式，大力培育林业新型主体。推荐索菲亚等10家企业申报国家林业重点龙头企业，新认定欧派家居等56家省林业龙头企业。目前，省林业龙头企业达346家，基本形成了较完整的产业体系优势，产业集中度持续提高，产业区域化、专业化特征日益突出，形成了以东莞、深圳、佛山、广州等4个市林业产业总产值均超1000亿元为代表的产业集群和产业带，资源优化整合和集聚辐射效果明显。2021年，全省林业总产值达8607亿元，连续13年保持全国第一。五是开展林业生态保护成效和生态产品价值监测评估。制订印发《广东省林业局关于桉树改造生态补偿的实施意见》，健全生态产品保护补偿机制，加快建立健全生态产品价值实现机制。经广州碳排放权交易所认定，盒马自有品牌有机山茶油实现了预先碳中和，成为广东省首个碳中和食品，也是全国首个山茶油碳中和产品，为积极探索生态产品价值实现机制创造了条件。

（三）广东省林改后续工作重点

鉴于2008年开展新一轮集体林改工作开始之初，我国还未将生态文明建设纳入经济社会发展的"五位一体"建设布局，指导新时期林草事业发展的习近平生态文明思想还未提出，本次调研认为，如何从根本上实现集体林改增质提效的目标，必须结合我国和广东省社会经济发展的新发展阶段、新发展理念和新发展格局分析，才能正确把握广东省林改后续工作重点。

1. 新发展阶段和新发展理念

从环境经济学角度分析，环境库兹涅茨曲线理论较好地阐释了改革开放以来我国经济发展与环境质量变化的关系。我国环境质量与经济发展的关系经历了"经济起飞—环境质量下降（环境质量U形曲线左端）"—"经济持续发展—环境质量稳定（U形曲线底端拐点）"—"经济高质量发展—环境质量好转（U形曲线右端）"三个阶段。

结合我国林改发展阶段来看，在我国林改探索的第一阶段（探索阶段），国家集中精力于发展经济，追求的是经济增长，经济结构从农业向能源密集型重工业转变，增加了污染排放。因此，党的十八大以前，我国是处于环境质量U形曲线左端阶段。在林改深化的第二阶段（深化阶段），随着持续多年的森林资源保护，全面禁止天然林资源采伐，我国成为世界上人工林最多的国家。我国森林资源数量增加，质量提高，资源禀赋优势显著，环境质量稳定，环境库兹涅茨曲线拐点出现。我国进入了人与自然和谐共生时期，有研究指出，我国环境质量稳定的U形曲线底端拐点第二阶段出现在党的十八大到十九大这一时期。在林改全面推进的第三阶段（全面推进阶段），随着生态文明建设的全面推进，我国森林资源禀赋大幅度提高，生态效益作用更加明显，环境质量持续提高。党的十九大以后，我国进入了环境库兹涅茨曲线的第三阶段（U形曲线右端），经济发展与环境质量同步提高，环境质量与经济发展并行不悖，二者相辅相成，进入了人与自然和谐共生的新发展阶段，即"绿水青山就是金山银山"的习近平生态文明思想阶段。党的二十大全面开启我国社会主义现代化国家新征程，我国国民经济高质量发展和生态环境持续向好不可逆转，且能实现协同发展，即进入环境库兹涅茨曲线U形曲线右端的高增长阶段。

广东省在中国改革开放潮流中一贯是大胆突破、努力创新、勇为人先，敢当时代的弄潮儿、排头兵。在"绿水青山就是金山银山"的新发展理念背景下，林改也应传承这种可贵的创新精神，重点抓好集体林业改革发展综合试点，推动集体林适度规模经营，培育新型林业经营主体、探索"绿水青山就是金山银山"的生态价值实现路径。

2. 新发展格局

2019年，广东省提出"一核一带一区"的区域发展新格局，"一核"即珠三角森林城市群，引领全省城市生态林业发展的核心区；"一带"即沿海生态带，为新时代全省发展主战场保驾护航；"一区"即北部生态发展区，为全省重要的生态屏障。"北部生态发展区"首要功能定位是"全省重要的生态屏障"，产业布局是推动北部生态区绿色发展，形成现代农林业、生物医药、健康养生、绿色食品、绿色低碳新型工业、文化生态旅游、数字经济、运动休闲八大新型绿色经济板块。2022年，广东省委、省政府提出"推动北部生态发展区高质量发展"战略，按照"点上开发、面上保护"原则，坚持生态优先、绿色发展，加快培育绿色低碳产业集群，健全绿色发展长效机制，协同推动经济高质量发展和生态环境高水平保护；用好政策性、开发性金融工具，加快专项债券资金支出使用，增强经济发展内生动力。同时强化新一轮省内对口帮扶，助推北部生态发展区壮大县域经济、发展特色产业、做足绿色经济。

广东省的新发展格局赋予了林改新的历史使命，提出了新要求，值得认真思考。集体林改（包括林业综合改革）不能再单纯从林业行业内部观察和思考问题，必须自觉融入全省区域发展新格局，从全省区域协调发展的大局出发，找到北部生态发展区——广东省集体林分布区所属的定位和目标，即"生态产业化，产业生态化"的社会经济发展定位。

3. 林改后续工作重点

广东省将继续全面深化集体林改，重点抓好集体林业改革发展综合试点，完善产权制度，推动适度规模经营，提升综合效益。一是进一步放活集体林地经营权，调整优化公益林和天然林保护区域布局和保护等级，根据林地保护等级制定相应的森林经营行为清单目录。二是落实处置权和收益权，完善采伐管理制度，探索集体林生态综合补偿机制。三是创新林业经营方式，培育乡村林场等规模经营主体，实施林业创业就业培训计划，推动小农户与现代林业建立利益联结机制，建立林权收储担保机制。四是大力发展绿色富民产业，加快集体林区基础设施建设，科学利用集体林，加大绿色产业科技推广力度，设立林业产业发展基金支持产业集群基地、产业园建设。五是建立林业碳汇等生态产品价值实现机制，将林业碳汇纳入国家碳排放权交易体制机制，建立森林蓄积量大县奖励机制。六是强化集体林业管理服务，明确林权管理机构，建立林业行政综合执法队伍，加强乡镇林业工作站能力建设，探索购买林业专业社会化服务。

二、问　题

广东省集体林改从最初2011年分林到户到目前如何从"绿水青山转化为金山银山"的逐渐实践与探索，在集体林三权分置、林业投融资、培育新型经营主体、因地制宜发展特色产业等方面取得了较好的成效，在解决集体林改分林到户形成的历史遗留问题，如何完善集体林权配套改革，助力实现"生态产业化，产业生态化"的摸索过程中，仍存在诸多问题，主要体现在以下八个方面。

（一）缺乏长远的产业发展规划

从整体来看，广东省林业产业发展缺乏整体布局与中长期发展规划，目前林业产业主要以家庭承包经营模式为主，生产过程粗放，没有形成集约化、专业化和产业化的发展格局。

（二）还未形成适度的产业规模

林业产业发展多数为农户自己选择种养为主，处于分散经营状态，规模较小，无统一商标包装和统一销售途径，抗风险能力较差，难以形成规模效应。

（三）特色产业发展处于摸索阶段，缺乏资金扶持

由于梅州、河源和韶关三大林业大市地方财政较为薄弱，对产业发展激励和扶持力度欠缺，相关企业及合作社在发展中遇到融资难、技术服务难、宣传推广难和水、电、路等基础设施建设不配套等实际困难，难以大力发展适度规模的产业。

（四）遗留问题复杂，纠纷调处难度大

2011年，林改由于确权时间紧、任务重等客观原因，主要延续1983年林业"三定"确权方案，但林业"三定"由于设备、技术力量的问题，存在"权属不清，界线不清，面积不清"等问题，加上分林到户后，农村年轻人大部分以外出务工为主，山林因投入产出低无人管理普遍，而当年划分边界的地标物变化、林地山高路远等客观原因，导致林地权属不清问题延续至今。权属问题突出表现为村与村、组与组、农户与农户之间争议较为复杂，纠纷调处难度大。

（五）部分林权类发证没有落实到位

一些地方因为林改面积较大，有的自留山、承包责任山面积较多，集体林地林木在2011年林改时确权发证尚未真正落实到位。一部分县（市、区）因为担心2011年林改时时间紧、任务重，制作的林权证质量不高引起纠纷或者担心发证后征地困难，将打印出来的部分自留山、责任山的林权证仍然存放在林业主管部门或乡镇林业站，而没有将林权证发放到农户手中。

（六）权属认定职责尚待明确

自2015年3月1日施行《不动产登记暂行条例》以来，林权类权属登记部门由林业部门变为不动产登记部门，因部门的工作职责不够细化、林权证上1：10000地形图与自然资源部门要求的1：2000地形图要求的技术标准不一致、不动产登记成本高农户办理积极性不高等诸多原因，导致林业部门与不动产登记机构过渡开展工作协调困难，个别县（市、区）林权档案还在林业部门保管，登记工作开展效率不高。

（七）普遍缺乏完整的产业链，林业产业经济效益不高

林地作为经济落后地区最重要的生产要素，也是乡村振兴的重要抓手，但无法形成相匹配的经济效益的主要原因，是主要集体林区林产品类型单一，缺乏中高端产品，无法满足高端市场的需求。要加快林业供给侧改革，必须加快产品完整的产业链建设，从而提升产品附加值、实现产业产品的经济效益最大化。

（八）部门协同工作难度较大

由于机构改革，从2017年开始，林权的确权、发证、纠纷调处、抵押贷款等职能职责已划归到自然资源部门统一管理登记，但由于林权改革历史遗留问题无法有效解决，不动产产权登记信息管理基础平台与林权综合监管系统在数据对接上存在困难，由于数据无法互通共享，林权综合监管系统应用工作中存在较大困难。

三、对　策

广东省林权改革目前存在的问题主要包括历史遗留林权不清、机构改革协同不够、产业发展程度不高、政策资金投入不足、配套改革跟不上等。从国家层面来看，林改是为了提升集体林综合效益，实现"绿水青山就是金山银山"，即生态效益优先、经济效益和社会效益并行不悖的人与自然和谐共生状态。深究林改问题的根本原因，可能还是集中于"在优先保护森林资源的前提下，如何充分发挥集体林效益，实现'绿水青山就是金山银山'的生态价值实现路径"的问题上。

（一）借助"林长制"加强森林资源治理

广东省已经全面建立了全省林长制。应该借助"林长制"制度创新的推力，在林长制第二阶段以林长制实现"林长治"，完善省市县乡村五级林长体系，形成权责明确、保障有力、监管严格、运行高效的森林保护机制。进一步坚持强化"保护优先、深化系统治理，注重重点治理"的基本原则，全面提升森林资源生态保护功能，释放森林资源生态保护潜力。按照广东省"北部生态发展区，全省重要的生态屏障"的新发展格局部署，增加森林面积和森林蓄积量，提高森林覆盖率，实现"一筑牢两优化三提升四融合"（筑牢生态安全屏障；

优化林分林种结构、林业空间布局；提升林业灾害防治水平、林业综合效益、林业助推绿色发展能力；林业改革与全省区域发展新格局融合，森林资源保护与森林资源合理开发利用融合，林业产业发展与区域经济发展融合，林长制与集体林改革目标融合）目标。实践证明，林长制是强化森林资源保护，增强乡村基层森林资源管控的制度保障，尤其是在全省重要生态屏障的北部生态发展区，即广东省集体林区分布区，各级政府更应高度重视林长制工作，从政策、制度、资金、人员等诸方面支持林长制，借助林长制筑牢粤北生态屏障，进一步促进全省区域协调发展。

（二）将林权由"分"到"合"，培育林业新型经营主体

"绿水青山就是金山银山"价值的实现，必须依托绿色富民产业的发展，而产业发展的前提则是培育集约化、专业化、组织化和社会化高度结合的林业新型经营主体，而林业新型经营主体的前提则是林地的集中经营管理。在目前年轻人大多外出务工的农村，分林到户后林权分散、不易组织，建议将林权由"分"到"合"，在确保"保底收益+分红"（符合地方经济发展水平的合理林地租金+入股分红）的基础上，将分林到户的集体林重新合归村集体，纳入林业新型经营主体，通过股份制纳入国有、集体或社会资本开展统一经营管理模式，为林业产业规模化经营和产业链打造创造基础条件。主要理由：一是粤北地区作为集体林区集中区，因人口众多，农村大部分农户林地面积小，林业投入产出经济效益低，加上林地经营属于苦活、累活，大部分年轻人更愿意选择综合效益更高的非农林就业，无法实现集体林"绿水青山就是金山银山"价值的转换。二是林地作为粤北集体林区重要的生产资料，分林到户的林地无法发挥其应有的经济价值，何谈实现生态美百姓富的林改目标？既然分林到户无法提高林地综合效益，只有走集体林统一经营的产业发展之路，才能实现林地的规模效益。三是粤北地区作为广东省生态屏障区，经济社会要发展，只能利用丰富的森林资源优势发展生态化产业，开发具有地域特色的生态产品和品牌，助力乡村振兴发展。四是通过在确保农户"保底收益+分工"的基础上开展林地的规模化经营，真正体现"分股不分山，分利不分林"特殊股份制优势，既能有效解决广东省"权属不清，界线不清，面积不清"等历史遗留问题，林权证无法落实、权属无法认定等管理问题，又能发挥林业产业生态化发展优势，为真正实现"绿水青山就是金山银山"提供了基础前提。

（三）打造区域特色绿色支柱产业

粤北生态屏障区经济社会可持续发展的重要路径是利用特色森林资源优势开发合适的生态产品和品牌，开展一站式生态产品产业链发展。一旦林业收归集体后，林地租赁洽谈等中间交易成本大大减少，为新型林业经营主体入驻开展林地规模经营清除了潜在的最大障碍。地方政府手握林地资源后，通过加强林业产业发展配套改革，吸引林业新型经营主体开展专业化经营管理，在打造地域特色生态产品和品牌的同时，能最大限度发挥林地的经济效益、社会效益和生态效益，即林地综合效益的最大化。

（四）大力发展非木质资源产业

非木质资源经济产业指经济林、林下经济、林地下经济等不损耗森林木质资源的经济产业，包括集体林中的公益林和非公益林范畴。2017年，国家林业局、财政部印发的《国家级公益林管理办法》规定，在不破坏森林植被的前提下，可以合理利用二级国家级公益林的林地资源，适度开展林下种植、养殖和森林游憩等非木质资源开发与利用，科学发展林下经

济。因此，在二级国家级公益林内适度开展生产性经营活动有其法律依据。但在实际操作中有的地方往往"一刀切"。因此，建议地方政府在林业发展综合改革试点过程中，大胆创新摸索，只要技术经济可行，应当积极鼓励支持划为公益林的集体林适度经营。梅州市公益林占集体林比例为54%，河源市约20%，因此，对于广东省这些林业大市来说，非木质资源产业尚有巨大开发潜力。

（五）依靠金融杠杆发展绿色产业

由于投资周期长、自然灾害等林业行业特点，资金投入不足是发展林业绿色产业的"卡脖子"制约因素。依靠银行和其他金融机构开展林权抵押贷款的金融杠杆，是解决这一问题的关键。广东省开展林权抵押贷款一直走在全国前列。但金融机构开展林权抵押贷款的积极性一直不高。从金融机构角度来看，在森林保险、林权流转市场等林权配套制度不完善以及林业经营收益率低的情况下，林权作为抵押物面临保全与变现的风险，林业金融产品动力不足。多年来，改善林权抵押贷款开展的制度环境、建立健全的法律机制保障、建立林业信用机制、建立林权交易鉴证制度、降低林权抵押贷款利率等政策建议屡见不鲜，但都收效甚微。长期以来，林业行业资金供求一直是"求"大于"供"。因此，应该从"供"方角度看问题。只有创新林业经营方式，增加规模型企业，延长林业产业链，提高精深加工水平，提高资源利用率，注重创新开发能力，增加产品附加值，大力发展森林康养、森林旅游等新兴产业，通畅生态产品价值实现机制，激发"绿水青山转化为金山银山"的内生动力，使金融机构、商业银行等"供"方有利可图，才是可行之道，才能真正解决地方特色绿色支柱产业发展资金不足的根本性问题。

（六）产业发展，规划先行，制定科学的产业发展规划

全面梳理和解决林地确权工作，摸清林地流转现状及产业发展情况，针对目前林业产业发展形势，根据"一区域一特色"的布局，规划发展林下经济、油茶、竹产品加工、特色茶叶等富民产业，出台解决现有问题、促进林业长远发展的机制和政策。

（七）强化服务指导，加大配套改革等政策扶持措施

加强对林权确权流转的法规性、政策性指导和服务，引导依法依规进行林权流转，保障流转双方合法权益，避免因林权流转导致林业产业发展的基础风险。同时，出台扶持林业产业发展的政策意见，强化宏观调控，实施政策倾斜，加大资金投入，建立多元化投入机制。

山　东

按照国家林业和草原局深化集体林改等相关问题调研工作的安排，国家林业和草原局发展研究中心调研组赴山东就深化集体林改等重大问题开展调研。现将有关情况报告如下。

一、调研情况

本次调研以集体林改中存在的问题和困难为导向，实地考察临沂市蒙阴县、沂水县以及泰安市新泰市三地集体林改情况，采取座谈会的形式与当地林业部门进行问题探讨，深入交流，与会同志从各自角度分享工作经验、剖析深化集体林改中的问题痛点以及对策建议。调研组一致认为，山东在深化集体林改方面成效显著，但面临的形势依然严峻，问题和困难普遍存在。

（一）主要进展及成效

1. 集体林改循序推进

山东省按照"三权分置"原则，剥离集体林地承包经营权，引导林地经营权有序推进。蒙阴县将林权落实到户、到人，调动林农和全社会参与森林资源的保护管理和开发，提高林农的林地经营积极性；沂水县通过稳定集体林地承包关系，放活生产经营自主权，出台文件进一步规范公益林动态管理和集体人工用材林采伐管理；新泰市规范集体林权流转，采用"5+5"造林和经营模式，以转包、出租、拍卖、股份合作等形式，推动林地经营权流转，激活主体活力，促进林地规模化经营，其特有的"5+5"模式先进经验已在全省进行推广。山东省集体林改确权面积1494万亩，集体林地经营权流转面积达407万亩，占集体林地面积的9.7%，与全国平均水平基本持平。山东省比较发达的林业产业体系带动了集体林权流转。

2. 加大加快培育新型林业经营主体

山东省出台一系列文件加快新型林业经营主体的培育与发展。通过在全省构建体系化的新型林业经营主体模式，围绕林业大户、家庭林场、林业合作社、林业企业等新型经营主体，发展林业规模经济。目前山东省新型林业经营主体2.3万家，省级龙头企业达到94家、省级示范社255家，国家林业重点企业43家（数量全国第一），国家示范农民林业专业合作社34家。蒙阴县和沂水县的新型林业经营主体得到较好的进展，新泰市引进技术的企业，建立了"农户+公司+农民"林业专业合作社模式，积极发展和实现一、二、三产业融合发展，目前阶段为农户流转林地收入租金，拟逐步过渡到农户和公司、农民林业专业合作社一体化发展，建立具有现代股份制企业，实现利益共享的新格局，走向共同富裕的道路。蒙阴县利用良好森林生态资源，打造农宿发展，实现村集体经济发展壮大和农户增收的双赢。

3. 林权抵押贷款迅速发展

推广"林权抵押+林权收储+森林保险"贷款模式，建立"企业申请、部门推荐、银行审批"运行机制，拓宽林业投融资渠道。探索开展林业经营收益权和公益林补偿收益权市场化质押担保贷款。加大开发性、政策性贷款支持力度，完善林业贷款贴息政策，积极推进林权抵押贷款发展。山东省自然资源厅与有关金融机构达成战略合作协议，创新林业抵押贷款新机制。其中，泰安市开展"林银携手促发展"活动，与银行强强合作，强化抵押物监管，从而化解存在的金融风险，并出台相关文件予以支持。到目前为止，山东省16市全部开展了林权抵押贷款业务，截至2021年，贷款余额24亿元，累计林权抵押贷款超过200亿元，有效缓解了林农融资难问题。

4. 森林保险深入推进

健全森林保险费率调整机制，优化保费补贴比例，扩大保险覆盖面，逐步提高公益林保险覆盖率，自2018年起，山东省率先开展由各级财政支付省级以上公益林政策性保险保费，做到生态林政策性保险全覆盖，有效防范分散林业经营风险，稳定林业经营者的收入预期，保障森林生态安全。提高地方性特色保险保障水平，山东省自然资源厅会同省财政厅等5部门开展省财政对地方优势特色农产品保险以奖代补工作，2019年以来，共发放省级优势特色农产品保险奖补资金909万元。2021年，山东省参保森林面积1522.3万亩，保费总额7289.5万元，保额117.4亿元。其中政策性森林保险面积1508.4万亩，地方特色林业保险13.9万亩。根据自然等对承保森林的损失情况，给予足额的配上，促进林业产业发展和森林资源培育，有助于实现绿色发展和高质量发展。

5. 资源保护利用协同发展

2019年，山东省政府办公厅印发《关于全面建立林长制的实施意见》，全面建立省、市、县、乡、村五级林长制，构建责任明确、协调有序、监管严格、保障有力的保护管理新机制。促进生态资源保护，加快国土绿化和生态修复，深度推进生态资源合理利用，强化生态资源的科学管理。在山东各地，创新性提出了民间林长制度，吸收致力于森林资源保护和经营的人士参与森林资源管理，形成社区和政府林长对森林资源保护的协同发展，形成合力。同时山东创新了"林长制+"机制，如沂水县提出了林长工作站，强化科技力量的注入，积极培育皂角产业的发展，已经初步建立城乡。同时山东各地积极扩大林长制宣传工作，如沂水县建立了林长制公园，融宣传教育与森林资源保护于一体。新泰市利用"林长制+"的形式发展新型产业，如行宫村发展梨树产业，形成旅游、古树保护、产业发展的一体化，带动村容村貌的改善，增加村集体和农民收入，提升了乡村振兴的档次与水平。

（二）经验做法

山东各地集体探索推动深化集体林改，实现了生态美、产业兴和百姓富的有机辩证统一，积累了丰富的经验，一些经验和做法值得在全国进行再复制再推广，尤其是在平原地区。

1. 创新林权流转机制模式

山东省通过采取试点的形式，对集体林改进行大胆探索，在各试点县（市）全部采用国家推行的标准集体林地承包和林权流转合同示范文本，推动林权规范有序流转。新泰市依据林地自然条件和经营目标，探索生态修补型、肥瘦结合型、景观绿化型、股份合作型四种流转模式，流转土地20万亩、吸引社会资本10亿元，实现规模经营。莱阳市探索建立"林业合作社+基地+农户"流转模式，建立合作社200家，社员一万多人，人均增收2000多元。沂南县采取"企业+基地+园区"模式，建立朱家林、沂蒙泉乡两处田园综合体，流转荒山4000多亩，实现了当年流转，当年绿化。滕州市学习借鉴南方省份做法，制定《林地经营权流转证试点方案》和《林地经营权流转证登记管理办法》，对通过流转取得的林地经营权发放林地经营权流转证。

2. 创新林业政策性保险机制

山东省探索公益林保险体制机制，创立公益林保险共保体，重点解决当前森林保险模式滞后、产品与服务创新能力不足、功能作用发挥不充分、森林保险市场竞争过度、巨灾理赔能力不足、退出考评机制不完善等问题，山东省自然资源厅针对解决该问题成立公益林保险共保体4个试点市，分别为泰安、临沂、淄博以及烟台，2019年，在泰安市完成山东省首个公益林保险共保体签约仪式。公益林共保体模式机制的建立，旨在完善森林保险制度，建立起公益林保险的长效机制，完善公益林参与机制，提高公益林保险的服务质量，实现公益林保险的全覆盖。

3. 实现森林资源智能管理

山东省推行森林资源智能化管理模式，建立了全省森林一张图和土地数据平台，在原有矢量图的基础上，与"三调"数据进行叠加，做到森林资源精细管理，并且大胆引入现代技术，积极探索实施"天、地、空、人"全方位、立体化慧眼工程，使林业工作有了质的飞跃。为了进一步明晰林权，解决林权纠纷和促进集体林权流转打下了坚实的基础，值得在全国借鉴，尤其是在林权证转化为不动产证的过程中，如何实现无缝衔接提供了良好的数据基础、平台和做法。

二、存在问题

在新形势和新任务条件下，山东作为平原大省，在深化集体林改中，存在一些亟须解决的问题。总体而言，集体林发展新旧动能转化不足，推动集体林资源培育和产业发展的办法措施还不多，发展不充分不平衡的现象依然存在，体制机制有待完善。

（一）林权流转问题突出

公益林流转难度大。公益林确权到户或到集体，林农想要流转却难度比较大，特别是集体统一经营的公益林流转工作进展缓慢；林权流转程序不规范。目前林地流转主要以双方协商、签订合同为主，缺少林权流转申请、林权价值评估、林权流转公示以及备案等必备程序，没有及时补充完善合同内容，国家林地流转合同示范文本使用率低，存在发生林权纠纷的隐患；林地流转价格或费用低，农民缺乏积极性。林地流转交易由于林农缺乏实时的信息掌握，缺乏对流转价格或费用的指导，林农与之签订流转合同显失公平，为产生新矛盾纠纷埋下了隐患；交易平台运作不规范，流转缺失公平性。山东省林权流转平台主要使用综合服务平台，缺少单独的林权流转平台，造成林权流转的信息较少，且信息更新速度较慢。

（二）林权抵押贷款难度大，林权变现难

山东省创新"林权抵押+林权收储+森林保险"贷款模式，但是在全省尚未建立林权收储担保机构，且金融机构对林权抵押认可度较低；林权评估缺乏专业的评估机构，导致林地的价值大打折扣。蒙阴县由于缺乏专业的评估机构，部分承包大户持林权证抵押后没有及时偿还贷款，银行由于林权评估水平的不确定性导致产生不良资产，影响林权抵押贷款的政策落实；林权贷款抵押率低（30%~50%），期限短（1~3年），手续繁琐，有些林权抵押贷款需要双重抵押，大大影响了经营主体贷款的积极性，林权变现难问题突出；林地经营权流转证抵押贷款难。在山东省集体林改试点市中，滕州市借鉴浙江等地经验，明确了林地经营权流转证是证明林地流转关系的有效凭证，并发放了第一批林地经营权流转证，但是当地金融机构一直未把林地经营权流转证作为有效权益证明。新泰市指定的林地经营权流转证政策未能通过相关部门的合法性审查。

（三）森林保险制度不完善

政策性森林保险目前针对的险种主要是以综合险为主，并未对林业有害生物等灾害进行定损标准的统一，造成定损难、理赔难，打击了林农参与森林保险的积极性。商品林（用材林）和地方性特色农业保险由于市县两级财政的财政资金匮乏、配套不到位，导致国家和地方保险政策支持发挥得不充分。有些平原地区对公益林政策性保险全覆盖存在侥幸心理，并未对其进行政策性投保，从而导致遇到千年不遇的灾害时无能为力，造成了严重的经济损失。保险公司的选择性承保，从降低承保工作成本、规避风险角度出发，保险公司开展承保工作时会优先选择承保公益林，而后再逐步开展商品林的承保，这样最终导致了商品林的投保率普遍较低，政策性森林保险这项惠民政策未能很好地落实。

三、对策建议

山东省是全国平原大省，是森林资源小省但是林业二、三产业大省，需要探索出一条适合山东特色的平原森林资源培育和产业发展的路子，为全国树立标志，做全国平原林业发展的表率，建议从以下几个方面进一步深化集体林改深入向前发展。

（一）加强林权管理服务

按照自然资源部、国家林业和草原局《关于进一步规范林权类不动产登记做好林权类登记与林业管理衔接的通知》要求，加强与不动产登记机构沟通，抓紧将林权类不动产确权登记发证档案资料全部整合移交给不动产登记机构。建立健全集体林地承包经营合同登记台账制度，做好承包合同日常变更管理及信息登记工作，积极推广《集体林地承包合同》和《集体林权流转合同》示范文本，建立林权管理和林权登记信息共享机制，做好集体林地、林木

承包经营和林权流转监督管理工作。全面启动不动产证的换发工作，明晰产权是林业发展的基础和前提；尤其需要重视经营权的不动产证的发放、变更、注销等方面的工作。根据"三调"结果，在林地总量不变的情况下，界定好农田、林地和园地的边界，处理好已发林权证的林地但未列入"三调"林地范畴的林业，以及从园地和农田新列入林地的林权确权和不动产证发放工作。在不动产证发放过程中，建立健全各级政府购买服务的工作，避免出现因经营主体无力支付而不确权不发证的现象。

（二）完善培育发展新型林业经营主体

加强对林业企业、合作示范社、林下经济示范基地、乡村林场等新型林业经营主体的指导，引导新型林业经营主体组织创新经营机制；开展新型林业经营主体带头人和职业森林经理人培训行动，提高林地规模经营管理水平；拓宽林业投融资渠道，积极吸引更多社会资本进入林业，促进新型林业经营主体发展壮大；注重林业新型经营主体发展生态旅游、森林康养等不伐树不砍树的产业，充分利用大面积生态公益林；发展民宿产业与森林康养旅游有机衔接；逐步扩大林业新型经营主体的规模，实现规模经济，建立适合山东平原林业的新型林业经营主体的新政策制度和规范。

（三）建立健全林权收储担保制度

继续探索推广"林权抵押+林权收储+森林保险"林业抵押贷款模式，依托社会化机构，积极推动建立林权抵押收储中心，完善林权抵押收储制度，对出险的抵押林权进行收储。同时，山东省要积极争取国家林权收储担保补助政策试点。建议山东省政府拿出专项资金，其他各级地方政府拿出专项资金，与农业发展企业等共同建立健全林权收储担保公司；学习福建省全国首家省级林权收储机构福人林木收储有限公司的运行模式，积极引导各重点林业市、县（区）依托国有林场、国有林业企业组建国有的林权收储机构，或是与民营企业合作组建混合所有制的林权收储机构，或是支持、引导有实力的民营林业企业、担保机构、个人依法成立民营性质的林权收储机构。对非重点林区县，引导其根据实际需要，联合组建林权收储机构，或由设区市成立林权收储机构，承接林权收储担保业务。林权收储机构的建立变被动兜底为主动服务，有效化解林业金融风险。

（四）积极推进森林保险

加强与有关部门的沟通协调，创新森林保险模式，总结推广森林保险共保机制，防范分散火灾风险；鼓励有条件的地区开展特色经济林产品政策性保险试点，稳定收入预期；探索建立森林火灾森林草原保险机制，尤其是气候变化和"双碳"目标背景下，建立火灾分担机制非常重要；广泛开展宣传森林保险政策，做到"点对点""面对面"宣传，引导经营者自觉参与森林保险，推动森林保险健康有序发展。

贵州、广西

按照国家林业和草原局党组《关于开展集体林权制度改革调研》的工作部署，局发改司会同北京大学国家发展研究院、中国人民大学农村与发展学院、局规财司、局发展研究中心，赴贵州都匀县、榕江县、从江县和广西柳州三江县、贺州八步区、梧州苍梧县和贵港覃塘区等7个区县开展调查研究，与地方林草部门、农业农村部门、自然资源部门以及金融机构、融资担保等部门开展座谈会7次，与林农、林业经营大户和木材加工企业等开展访谈交流4次。

调研发现，2009年以来，各地在深化集体林改的工作中取得了一定成效。林地确权发证，实现了"山定权，树定根，人定心"，林农对所有权证书认可度很高，对集体林改的成效非常认可。同时各地在推动新老林权确权登记、推动规模经营、发展立体经营、科技促进森林经营效益、林业全产业发展、拓展林业融资担保和多渠道促进油茶发展等方面探索了创新做法，形成了典型案例，在提高森林经营效益的同时，推动森林经营水平，也带动了地方经济发展和林农致富增收。

随着经济发展和城镇化的深入，贵州、广西等地农民进城务工人员的不断增长，导致地方老龄化和农村地区空心化趋势明显，大部分集体林区森林处于粗放经营，甚至无人经营境地，金融和社会资本进山入林的内生动力不足。其主要原因：一是林地经营权转移登记和林权抵押登记几乎停摆；二是林木采伐管理与森林经营衔接不畅；三是林业经济发展水平与营造林补助标准需求不匹配；四是大部分承包林地处于粗放经营状态；五是林业经营主体贷款难、贷款贵、贷款短；六是林权融资接受度低；七是林业大县乡村振兴和农民就业增收对林业经济依赖程度大。

经深入研究分析，提出意见建议：一是督导地方加快林权类不动产确权登记发证工作，疏通林农和社会资本之间的联系；二是优化林木采伐管理政策，增强社会资本进山入林的积极性；三是制定优惠政策推进家庭承包林地的规模经营，促进森林资源经营强度；四是推动林业全产业链发展，提升森林经营的积极性；五是涉林金融支持政策的精准性，延长林业贷款期限；六是推动建立林权收储担保机制，促进林业贷款扩面增量；七是探索林业大县森林生态产品价值实现机制，促进集体林区实现绿水青山转化为金山银山。

一、地方探索的经验做法

贵州、广西是集中连片贫困区的代表，在扶贫攻坚和乡村振兴的推动下，各地积极探索深化集体林改，在换发老林权证、推动规模经营、提高森林经营效益、拓展林业融资担保物等方面进行了许多有益探索，形成了许多各具特点、行之有效的典型做法和成功经验。

（一）推动新老林权证确权登记工作

2020年，广西梧州市自然资源局印发《梧州市林权类不动产确权登记工作方案》，并全部接收林业部门办理的原林权登记档案共14.95万宗，目前已全部完成林权登记数据整合和汇交工作。广西三江县不动产登记中心接收了林业局移交的共计7.74万卷宗林权档案，已全部完成纸质数字化扫描工作和数据档案库，林权存量数据整合按照《广西林权类不动产登记存量数据整合建库方案》中的技术规范进行，除档案缺失及完全超出三江县域范围的林权宗地，其余部分已全部整合入库，并于2022年9月完成数据汇交。目前共整合入库的林权确权登记宗地数40.79万宗，面积243.87万亩，涉及林权档案7.49万卷宗。尚余1.58万宗林权宗地因历史遗留原因暂未能整合入不动产权籍库。贵州黔南布依族苗族自治州（以下简称黔南州）都匀市通过贵州省不动产统一登记云平台办理不动产林权登记共1872件（林地承包经营权登记467件，林地经营权登记1064件）、发证1859本，办理林权抵押登记14件、9406亩、抵押金融2.64亿元。

（二）多种方式推进规模经营

各地因地制宜推进林地规模经营，特别是在乡村振兴带动下，地方进行了积极探索。广西贺州市长洲区对林业等资源性资产比较多的17个村推行资源性资产型改革模式，组织农户以自愿的形式将自家承包的耕地、林地入股当地合作社或龙头企业。各村、组通过股份合作、股权代管等方式整合推动土地、山林等资源集中连片开发，发展特色产业，在加快林地流转的同时，也破解了产业碎片化等问题，目前全区累计流转林地面积12万亩，占全区林地面积的31%。贵州黔南州以发展森林康养、森林旅游、林下经济等企业方式，允许林权权利人在不破坏生态功能、不改变公益林性质的前提下流转公益林，全州已流转4.18万亩。

（三）探索森林立体经营模式

广西维都林场建设复合经营示范基地116.5亩，以"适地适树适法、综合效益最优、土地高效利用"为原则，主要有"香花油茶+6年生桉树""香花油茶+桉树/香合欢"等模式。油茶种植5年后进入盛产期，预计每年亩产油茶鲜果600千克以上，折合茶油60千克。"香花油茶+桉树/香合欢"模式的桉树12年平均出材6立方米/亩，香合欢25年平均出材9立方米/亩。鹿寨县四排镇三排村1000亩村集体松杉低效林，由平台公司投资改造种植油茶并套种桉树，第三年油茶挂果后交由屯集体管护经营，收益归屯集体，套种的桉树大径材收益归公司，合作期限20年，合作期间油茶可连续采收17年，每亩年均产值1500元，屯集体累积收益2500万元。贵州黔南州开展"林下—林中—林上"立体生产经营，在林下施种南板蓝根、茯苓、天麻、淫羊藿等中药材20万亩，发展林蜂5.18万箱形成林中产业，依托森林景观143万亩发展森林旅游康养产业形成林上产业，带动9.7万户38.57万人增收。

（四）科技提升森林经营效益

广西柳州市融安县在现有高标准化香杉苗木基地的基础上，积极探索传统扦插育种与现代组培快繁并行的道路，于2014年5月成立了广西首家香杉组培中心，积极引进林业专业技术人才和前沿技术，实现了香杉组培快繁技术引进、消化吸收和研发创新，其参与制定的《杉木容器育苗技术规程》《杉木速生丰产林栽培技术规程》被列为自治区地方标准，可引导全县杉木年均生长量显著提升，主伐年限由16~18年缩短至10~12年，亩产木材12立方米以上，亩产值可达12000元以上，纯收入可达10000元/亩。贵州黔南州选派6名省级科技特派员通过深入现场服务、组织开展技术培训、农业新技术示范推广等方式，指导茶企和农户做好茶园管护，帮助解决茶叶种植具体技术问题。

（五）发展林业全产业链，带动森林经营

广西贵港市现有以旋切单板、胶合板为主的木材加工企业（或个体）已超过3500家，2022年全市规上木业产值超过650亿元，全市木业从业人员20多万人，年产人造板材超过2400万立方米，已经成为中国南方最重要的林板加工基地、广西重要的木材贸易集散地。当前，全市每年仅能提供200万立方米原木，缺口1000万立方米以上均是由周边市县甚至贵州、广东提供，但在周边纷纷致力于木材加工业发展后，面临的原料供应问题立显出来。因此，贵港提出要"跨步+快跑"发展国家储备林原料基地，形成大径材坚实后盾，保障产业高质量提档升级。广西三江县是"中国油茶之乡"，油茶面积达61.7万亩，占林地面积24.8%，2022年茶籽产量2.2吨、产值6.42亿元。目前，正在开展生态产业园二期项目建设面积约1476亩，总投资约11.4亿元，重点打造油茶精深加工基地、油茶冷链物流园以及相关商业配套设施，走集群化发展新路，大力推进油茶全产业链深加工建设，以此带动油茶基地高质量建设和经营。

（六）拓展林业担保物范围，增加林业融资能力

广西壮族自治区林业局会同自治区财政厅、广西银保监局、中国人民银行南宁中心支行四部门印发了《广西壮族自治区公益林补偿收益权质押贷款管理办法（试行）》，可以用公益林补偿收益权质押贷款和公益林补偿收益权反担保质押贷款，以出质人获取的公益林补偿收益持续年限及金额合理确定贷款额度，最高额度原则上不超过年公益林补偿金收入的20倍，向中国人民银行征信中心办理公益林补偿收益权质押登记。贵州省也在开展质押贷款，如2022年黔南州荔波县尧明村股份经济合作社利用259.5亩公益林补偿收益权成功获得全省首笔100万元贷款；都匀市制定了《"益林贷"贷款管理办法》，按照借款人公益林年补偿金的15倍进行授信，质押率最高不超过公益林年补偿金的70%，对村集体经济组织授信最高不超过200万元，该产品设定贷款期限为1~10年，主要用于生产、经营、农产品加工等涉农经营周转。黔东南三都县发放全州第一张碳票，获银行授信300万元。

（七）多渠道促进油茶发展

贵州省设立油茶专属金融产品，将油茶产业保险产品纳入地方特色农产品保险保费补贴范围，按照省级财政、市级财政、县级财政、投保人为4∶2∶1∶3的比例进行投保，省林业改革发展资金对符合条件的油茶产业实施主体从合作银行获得的油茶产业育苗、种植、加工、品牌、销售、科研等贷款给予利息补助，采取一年一贴、据实贴息的方式、按照实际贷款期限计算贴息（年贴息率不高于3%）。广西实施"千万亩油茶、千亿产值"计划，除林业项目补助外，统筹乡村振兴补助支持油茶发展，如支持三江侗族自治县4500万元用于油茶基

地、油茶研究所、油茶加工贸易产业园等项目建设，统筹工业振兴资金2850万元，支持5个油茶精深加工技术改造项目。广西柳州市规定从2022—2025年，对于油茶新造林按照3500元/亩的标准给予补助，对于油茶低产林抚育改造按1500元/亩的标准给予补助。

二、调研发现的主要问题

调研发现，总体上两省集体林改存在的问题不少，集体林规模经营程度低，引导社会资本和金融资本进山入林的办法不多，分析其原因，既有地区因素，更有普遍性和代表性。

（一）林地经营权转移登记和林权抵押登记几乎停摆

背景情况：一是林业部门对95%以上的林地发放了林权证。2006年年底，贵州省开展以明晰产权为主体的集体林改，全省共确权勘界集体林地面积1.25亿亩，1.18亿亩的集体林地发（换）了全国统一式样的林权证，发证率97.52%。2015年，广西已累计完成集体林地勘界确权面积1.91亿亩，累计完成登记发证面积1.91亿亩，95.1%集体林地完成登记发证。二是国家对不动产实行统一登记制度。2013年，中央整合不动产登记职责，建立不动产统一登记制度，由不动产登记部门负责土地、房屋、林地、草原、海域等不动产登记工作，明确现有各类不动产权证书继续有效，适时组织地方发放新的统一证书，并逐步替换旧证书，不增加企业和群众负担。2015年以来，各县陆续将林权确权登记工作移交给不动产登记部门，2018年全部移交完成，林业部门不再发放林权证。

当前突出问题是"老证"用不了、"新证"发不出来。林权登记不了影响了林权流转和抵押贷款工作。根据不动产登记管理制度，林地经营权流转，可以向不动产部门申请林地经营权转移登记；根据抵押贷款规定，不动产抵押贷款需要向不动产部门申请抵押登记。实践中，贵州、广西林权类不动产登记工作基本上处于停滞状态，贵州尤其严重，广西部分县在推进，地方反映如下几个突出问题。

1."老证"继续有效，政策实际上被虚置了

原林权证继续有效，在行政管理上主要表现在依据原林权证可开展林地经营权转移登记和林权抵押登记。调研发现，无论是银行部门还是不动产登记部门都不认可"老证"。不动产登记部门反映，原林权系统登记矢量数据为54坐标系与现行不动产登记系统坐标规格不一，系统无法转换兼容，办理林权登记和抵押登记时仍需人工比对补录数据，且存在原林权证边界虽然有四至界限，但林权证边界和"三调"数据耕地、土地经营权确权数据等有重叠现象，部分历史林权证缺失空间信息，边界划定模糊，甚至有些林域边界存在争议，需重新开展指界、测量后才能落宗。实践中，无法依据原林权证开展林地经营权转移登记和林权抵押登记。大部分银行部门认可不动产权证书，如农商银行、桂林银行、建设银行等金融部门只认可采用不动产证登记备案开展林权抵押贷款，因为抵押登记需要不动产权属证书。目前有些老的林权证抵押贷款的，但是作为追加担保处理的，暂时没有抵押登记，随着放款进度增加，将来还是需要抵押登记的，若登记不了，就需要贷款人增加其他担保增信。中国农业发展银行梧州分行表示，由于林权新旧证更换进度不理想，因此林业贷款追加林权抵押的较少。

2.换发新林权证严重滞缓

不动产地籍调查是采用1:2000的权属界线图标准，而原林权证权属界线图标准远低于该

标准，如广西林业部门组织发放林权证地形图是按照1:10000的标准绘制的，贵州的标准更低。同时，不动产权属宗地界线图是采用拐点控制法，而林业部门大部分是按地形图勾绘的，无拐点坐标。另外，也还有部分历史遗留纠纷未解决的或者移交林权证资料档案不全等因素。广西通过林权登记系统打印出来的约1500万宗集体林地权证，只有1000万宗有具体的档案数据，部分已经发放的林权证存在权属不清、程序不合法、图件不准确等登记要件不符合要求情况。实践中，由不动产替换旧林权证书，相当于重新确权，工作量巨大。如广西贺州市八步区，林改登记发证面积288.33万亩，2019年年底累计核查并收回错漏林权证11862本、面积99.57万亩，若全面铺开集体林权不动产登记需要经费约7000万元，所以一直在等待观望。据了解，两省换发证基本上没有，个别地方发证也是对新确权发证。

3. 地方政府和不动产登记部门内生动力不足、压力不够、创新方法不多

2014年，广西壮族自治区党委第二巡视组对自治区林业局巡视反馈意见指出林改确权发证问题。2015年上半年，自治区林业局先后印发了《关于开展全区集体林权制度改革林权证发放情况调研活动的通知》和《关于开展全区集体林权制度改革林权证发放情况核查工作的通知》，在全区开展集体林改林权证发放情况调查摸底报送及核实工作，并于2016年3月7日形成《关于全区深化集体林权制度改革情况的报告》报送自治区人民政府。2017年，自治区人民政府办公厅印发《广西壮族自治区人民政府办公厅关于开展集体林地林权证发放查缺补漏纠错工作的通知》，确定在5年内完成该项工作，工作经费由各县安排。2018年9月底，自治区林业厅与国土厅联合印发《广西集体林地林权类不动产权籍调查技术规程》（试行）。2019年10月，自治区政府办公厅印发《研究分管部门职责衔接问题的备忘》，正式确认由自然资源厅牵头推进查漏补缺纠错工作。据沟通了解，目前自然资源厅由于工作量大及经费未落实等原因，暂无林权证发证率数据更新。个别地方换发证是因为政府主导工作所需：一是集体林权主体改革基础工作做得好的地方，如广西三江县共受理林权不动产登记111宗，其中办结首次登记58宗，变更登记24宗，转移登记24宗，更正登记5宗。二是地方政府比较重视的地方，特别是有项目工程带动的地方，像实施国家储备林工程、油茶基地建设等地方，如贵州省都匀县通过贵州省不动产统一登记云平台统计办理不动产林权登记共1872件，贵州省榕江县办理林权不动产登记222本6.38万亩，均为国储林抵押登记。大部分市县都以技术标准不统一、缺工作经费、纠纷多等为由不开展此项业务。贵州省还未提上议事日程。

（二）林木采伐管理与森林经营衔接不畅

背景情况：一是限制商业性采伐利用面积比例大。贵州全省有林地面积1.14亿亩，其中天然林面积0.80亿亩，公益林面积0.81亿亩，公益林与天然林重叠面积为0.54亿亩，据此测算限制商业性采伐的面积占93.86%。广西有林地1.75亿亩，其中天然林面积0.86亿亩，公益林面积0.76亿亩，公益林与天然林重叠面积为0.56亿亩，据此测算限制商业性采伐的面积占60.57%。二是采伐限额使用率低。2020—2022年间，贵州省森林采伐限额使用率分别为32.35%、45.44%、42.11%，其中商品林使用率分别为41.83%、55.52%、49.42%，公益林分别为4.80%、10.92%、16.51%。广西2021年全区采伐限额使用率为80.8%，2022年为71.78%。其中2022年采伐限额中，商品林采伐限额使用率73.6%，公益林为33.9%。

调查发现，地方政府、林业部门和林业经营者都知晓林木采伐是森林经营的一种正常行为，也是提高森林质量的必要手段，更是保护林农经营森林积极性的必要措施，但在涉及具

体利益选择时发生偏差。

1. 部分地方政府特别是领导对林木采伐认识有偏差

一方面，部分地方受补助利益驱使，存在人为的过大区划界定公益林和天然林行为，如贵州从江县公益林是点状散状分布的，不符合公益林区划界定要求。同时，地方又希望放松公益林和天然林使用限制，既可享受补助，又能正常使用的思维现象不少。另一方面，部分地方政府或者领导以不采、少采作为亮点工程和政绩工程，存在人为截止采伐限额使用，允许林农小规模的采伐，经营主体大规模采伐，则需要地方常委会会议讨论决定。林木采伐许可制度异化为地方侵害林农权益的行政工具。据此，部分地方将林木采伐工作重点从伐区现场生产的监管转移到加强对林木采伐事前的审核、审批、发证和事后对违法采伐林木案件的查处上。

2. 林木采伐蓄积控制不利于调动森林经营的积极性

广西、贵州等地林业经营者和林业企业反映，市场对木材总需求、木材规格等是不断变化的，现有的林木采伐管理与市场脱钩。受疫情影响，木材市场需求疲软，木材价格每立方米下降100~200元不等，林业经营者普遍采取不采伐或者少采伐林木以应对市场行情；2023年市场逐步恢复，木材需求量走高，价格开始回升，木材采伐量明显上升。广西贺州八步区信都镇林木采伐限额只有9万多立方米，缺口2万多立方米。同时，市场需要各种规格的木材，原木直接利用得很少，主要是板材，板材同时需要小规格的芯材、中规格的骨架材和大规格的板面材，芯材价格每立方米400多元，骨架材每立方米600多元，板面材每立方米1000多元，林业经营者会根据各自的经营技术、经营水平和拥有资金等情况选择培育年限的方案，并不是整齐划一的经营方案。另外，经营技术水平高、投入高的单位面积森林蓄积量高，但同样受到平均蓄积量采伐限制，不利于鼓励高质量经营。因此，林业经营者认为需要取消商品林采伐限制，有些地方林业管理部门建议加快推进商品林自主经营采伐。

3. 公益林经营的积极性低

目前，公益林基本上处于人种天养状态，密密麻麻见林不见蓄积，林业经营者只关心补助不关心林子，主要是经营公益林不能增加收益。贵州许多地方的公益林采伐限额使用率不足10%，如黔东南州2020年、2021年、2022年针对公益林限额的使用率分别为4.38%、7.78%、8.39%，也有些地方调减公益林采伐限额，以此来增加商品林采伐限额。即使在木材经济发达的广西，公益林采伐限额使用率也在40%左右。贵州都匀市建议将公益林的采伐强度提高到40%~50%，以增加林农收益，增强林农参与森林管护的积极性。

（三）林业经济越不发达对营造林补助标准需求越高

调研发现，林下经济和经济林以及毛竹和速生桉的经营主体几乎没有人提出政府补助标准低或者需要政府补助的，因为其具有市场竞争力。经营其他木材则不一样，因为木材价格近十几年没有增长，特别是由于疫情反而下降了200元左右。以杉木为例，疫情前一直稳定在每立方米1000元左右，现在下降到700~800元，但劳动力工日价却翻倍了，每工日至少150元，经营成本压力大。同时发现，板材产业发达的地方，木材价格普遍比板材厂少的地方，木材价格每立方米高200元左右，如广西贺州八步区引进了许多板材厂后，木材价格从每吨400元增长到700多元，反推到每亩林地经营增收2000元左右，远高于造林补贴。据此，贵州省内大多数县为保住现有企业、稳定税收与就业，要求原木不允许出县，人为限制原木跨县流通，既限制了木材加工企业做大做强，也损害了木材生产者的利益。有些县建议，适当调整新增林业补助资金，用于支持二产发展，用延伸二产附加值来增强一产的投资经营积极性，发挥财政"四两拨千斤"功效，减轻财政支持生态建设负担。

（四）大部分承包林地处于粗放经营状态

家庭承包林地规模经营面积极其低下。广西集体林地面积2.15亿亩，全区经营林地面积500亩以上的大户、家庭林场、专业合作社、企业等经营主体2471个，经营面积740.16万亩（其中理文造纸、玖龙造纸等林浆纸一体化公司流转集体林地超过100万亩），自治区直属国有林场经营集体林地353.53万亩，全区规模经营面积不足5%。贵州省集体林地面积1.62亿亩，农民林业专业合作社5044个、经营林地面积319.7万亩，林业企业2608个、经营林地面积292.26万亩，规模经营面积不足0.5%。

1. 粗放经营与集约经营对森林质量影响大

以桉树种植为例，采用一种一收、中间极少抚育的"人种天养"粗放方式经营，投资门槛低、投资收益率也低，5年后每亩能达到7~9吨，大规格材少；采用高标准种植+施肥+抚育+间伐的集约经营模式，投资门槛高、投资收益率也高，7年后每亩能达到12~18吨，大规格材多。

2. 林业经济越不发达，林地粗放经营现象越普遍

调研发现，林区林农有森林经营的老传统习惯，即使在外出打工人数逐年增加、农村劳动力老龄化趋势越来越明显的情况下，林农宁愿自己粗放经营也不流转林地，外出打工的也是利用空闲或者打工过年回家时间搞搞林业经营活动。同时，林农也有了较强的经济意识，在广西种植桉树的地方，户均几十亩上百亩的林农还是很重视森林经营的，但对于经营森林收入低的桂北地区（低于每亩每年50元）和贵州地区（大部分地区林地流转价格每亩每年不足20元），林农主要是粗放经营也不流转的状态，因为林木也有天然生长的收入，且远比一年十几元的流转费收入高，还不用担心拿不到流转费，所以林农不愿流转。在广西流转费较高的地方，如梧州、贺州、贵港等地，桉树林地流转费每亩每年超过上百元，有的高达200多元，林权流转率就高。另外，与林农座谈发现，没有拿到林权证的林农普遍不愿意流转林地，担心因为流转丢失了自己的林地，这种情况在贵州、广西都反映很突出。

3. 社会资本不敢进、不愿意进

与规模经营主体座谈了解到，林业投资门槛高就高在投资沉淀时间长，对自身拥有资金量要求高。以经营杉木为例，造林到采伐见效至少20年，按照现在的利息计算相当于成本翻倍，可林业投资收益率不足10%，还不如把钱存银行吃利息好。同时，投资期长，政策风险也大，说不让采就不让采，无处申诉，不可控因素太多，投资回报率与投资收益率无法测算和控制。同时，当前社会资本投资林业的主要是林下经济、经济林、速生桉等短平快的经营项目，林业企业也有投资长周期基地建设的，但量不大。另外，规模经营效益与粗放经营效益不显著，规模经营效益与粗放经营效益差异主要表现在资本替代劳动力上，即机械化和智能化，但林业专门机械研发严重滞后，林道严重缺乏，营造林对劳动力依赖程度高，生产成本居高不下，社会资本进入森林经营的积极性不高。再加上林业科技贡献率低，造成规模经营承受不起高价流转费、低价流转费林农又不愿意流转的恶性循环。农业农村部门反映，农业上实施了高标准农田建设解决了水电路的问题，奠定了机械化基础，中央财政补助新型经

营主体能力建设提高了使用高新技术的能力，农业产业化补助项目提升了农业原材料销售价格和渠道，全产业链发展才带动规模经营，所调研地方耕地流转率都超过了60%。

（五）林业经营主体贷款难、贷款贵、贷款短问题突出

背景情况：中央层面现有涉林金融优惠政策主要是支小支农和绿色金融两项政策，乡村振兴的政策各地差异大。根据财政部《普惠金融发展专项资金管理办法》的要求，中央财政对新型农村金融机构按照不超过其当年贷款平均余额的2%给予费用补贴，其中一个条件是当年涉农贷款和小微企业贷款平均余额占全部贷款平均余额的比例高于70%，涉农贷款目录范围是按照《国民经济行业分类》划分，包括了传统的林业生产经营活动，仅林下经济种植类未涵盖在该范围内，但也可从其他农业类得到认可。人民银行在支小支农的基础上叠加了再贷款再贴现优惠政策。绿色金融支持范围主要是按照《绿色产业指导目录》确定的，现有《绿色产业指导目录（2019年版）》中，涵盖林业生产经营活动，但大部分林业加工企业未包括在内，仅是林业三剩物加工。

调研发现，现有的许多农村金融优惠政策都包括林业，但整体上涉林的民营林业经营主体贷款人数和贷款量均少，突出的问题是民营林业经营主体信用低、缺乏容易变现的优质资产，贷款难、贷款贵和贷款周期短的林业融资老大难问题没有得到根本性的改变，尤其是贷款周期短的问题成为林业金融的硬伤，分析其原因主要是受民营林业规模经营主体少和林权资产性弱的双重制约。

支小支农以及绿色低碳金融扶持政策已涵盖大部分林业的内容，但是由于林业经营周期长、投资经营风险大、林权市场活跃度低、林业生态性强等特点，林业经营主体不是金融机构的优质客户，林权融资不是金融机构的优质资产，即便批准了林权抵押贷款或林业贷款，贷款金额小，贷款周期短。散、零、小的林业企业发展水平难以跨进信贷准入门槛。但成规模产业发展的项目，容易获得金融贷款。银行金融机构更倾向于对投资见效快或者有地方政府背景的林业项目给予资金支持，如林下经济和经济林、油茶、国储林等，国储林和油茶等贷款大部分是中长期贷款，其他贷款大部分是短期贷款。银行业金融机构表示，对于大客户或者省级以上龙头企业，可以按照林权资产70%的额度授信，一般规模客户只能50%，小客户是30%。同时，银行机构和融资担保机构均表示，短期贷款难以匹配林业产业的现金流和中长期的资金需求，容易导致民营林业经营主体实际融资成本过高或者现金流错配触发贷款逾期，如近三年贺州林权抵押贷款不良率高达40.30%，致使涉林贷款成为恶性循环，实践中涉林贷款被挡在涉农金融优惠政策之外。

（六）林权融资接受度低

背景情况：一是农村资源资产性弱。调研市县的金融部门反映，农村资源由于不具有法律效应的产权证书，缺乏专业的农村资源价值评估机构，没有公平公开的交易市场，也没有受法律保护的交易制度，失去了其"价值"增值和在市场经济中的平等地位，无法实现财产性收入，金融机构对农村资源抵押融资的接受度较低，无法实现农户资产到资本的转变。林业经营主体反映，抵押物仍然以房产、公职人员为担保为主，林权只是增信作用。以广西三江县为例，全县各种植大户摸底调查，25个种植大户共需要贷款资金合计为7350万元，他们向多家银行贷款都因缺乏抵押物不予贷，缺资金导致现在很多产业基地（项目）已无法继续进行管护，呈半丢荒状态。二是中央财政增强农村资源资产性。为促进农村资源转变为资

产，中央财政从农资综合补贴中调整20%的资金，加上种粮大户补贴试点资金和农业"三项补贴"增量资金，统筹重点用于支持各级农担公司的注资，2021年全国农担体系资本金总额达794.07亿元。在此基础上，考虑到农担业务地处农村，区域广、规模小、成本高，中央财政对各地政策性担保业务给予持续性支持：一是给予担保费用补助，支持省级公司降低担保费率和农业融资成本；二是进行业务奖补，支持省级公司提高风险代偿能力。政策性担保业务是指为农林牧渔生产、农田建设及与农业生产直接相关的产业融合发展等项目担保业务占比不得低于总担保规模的70%，单户限额统一为"10万~300万元"，简称"双控"。农林牧渔生产各地目录不一致，广西、贵州主要是依据《国民经济行业分类》设置的，林业生产项目基本包括在内。

调研发现，贵州、广西农业融资担保公司对林业项目担保业务量极少，特别是贵州几乎没有，目前担保的林业经营项目主要是投资见效期短的苗木花卉、林下经济、油茶等个别项目提供担保，主要原因：一是与银行业金融机构、融资担保公司机构碰到同样的林权抵押物难题，即价值评估难、监管难、处置难。二是与中央农业信贷担保业务补奖不相适应。中央财政补助经费是按省级农担公司放大倍数5倍以内且担保期限6个月以上的新增政策性业务（首担金额×1.5%+续担金额×0.5%）+5倍以上且担保期限6个月以上的新增政策性业务担保金额×0.3%的系数计算，从此补助看出，鼓励短期贷款担保和控制放大倍数，所以林业担保很难进入。三是担保能力有限。以贵州从江县为例，按照国家规定担保放大倍数不能超过15倍，但从江县担保倍数达到了40倍，在政策性担保以支持粮食生产主体的条件下，难以顾及林业。四是与金融机构开展林权抵押贷款量少有关。调研发现，贵州从江县2021年以来共有林权抵押贷款2笔，贵州都匀市林权抵押贷款共计13笔，用于支持油茶产业发展，贷款周期为1~5年不等。

广西为破解银行业和融资担保公司对林权抵押贷款林权评估难、监管难、处置难等问题，2020年成立广西国控林权收储担保股份有限公司（以下简称"广西收储担保公司"），注册资本2.25亿元，目前已实收资本为4505万元，在保余额2251万元。在担保业务开展中主要面临如下问题：一是由于公司不持有融资担保业务经营许可证，无法直接与银行机构开展担保业务。按照目前市场容量，公司要取得金融牌照，又无法生存发展。二是采取联合担保模式，贷款人支付担保费用高，担保业务少。目前广西收储担保公司保业务共17笔，抵押林权面积1.91万亩，采取"融资担保公司担保+金融机构放款+国控林担兜底收储"的模式，该模式使得林权收储担保机构需通过融资担保公司的参与，才能间接与银行金融机构达成业务合作。由于多了一个环节，影响业务开展的时效性，且林农、林企需同时向林权收储担保机构和融资担保公司支付费用，增加了融资成本。三是做业务获取信息成本高。担保公司在办理抵押林权业务前需提前现场核实，产生人工差旅成本，或向第三方机构采购信息费用，需支付高额信息查询服务费用，如向广西壮族自治区林业勘测设计研究院付费采购查询公益林、水源林服务，经咨询，查询费用为1元/亩，若要完成8000万元担保额（保费收入约120万元），所查询林地面积（含未达成业务林地）总数约为16万亩，需支付的查询费用约为16万元，成本较高。

（七）林业大县的乡村振兴和农民就业增收对林业经济发展依赖大

林区发展对森林资源利用依赖大。所调研的几个县，林地面积占行政区域内面积比例都在80%左右，是名副其实的林业大县，林地林木资源是其最大的资源，除个别有矿产资源或者工业支柱企业外，板材企业或者其他新型林产品加工企业是地方财政税收大户，大部分林农收入也是来自林业，商品林的林木采伐限额使用率高，有的地方高达90%左右，许多公益林开展了林下经济或者森林旅游康养利用，林下经济主要是以药材为主，也是乡村振兴产业发展的重点项目。如广西三江县，是典型的杉木、茶油、茶叶和毛竹经济，全县农村户籍人口数为34.78万人，林业从业人口数10.43万人，近三年农村居民人均可支配收入15959元，林业收入占农村居民人均可支配收入比例为72.8%。广西贺州长洲区常住人口30.05万人，其中常住农业人口2.37万人，2020年、2021年、2020年林业收入占农民收入比例分别为36.6%、37.8%、40.0%，主要得益于桉树产业的发展。贵州由于林业经济相当不发达，再加上限制利用林地面积比例大，林业收入占农民收入比例小，调研的3个县，占比在1%左右。地方反映制约林业经济发展的主要问题如下。

1. 生态保护面积过大与补偿标准过低的矛盾突出

调研的县，特别是贵州省的，禁限制采伐的面积占到行政区面积的一半以上，但现行公益林管护补助标准为每亩每年16元，都低于现在林地流转费的标准，对当地经济发展和林业经营主体造成的损失巨大。广西三江县现有油茶林面积61.7万亩，全县范围内有15.5万亩面积的衰老油茶和天然残次林被列入公益林范围，这都严重制约了林业产业的发展和脱贫攻坚与乡村振兴衔接产业兴旺的需要。据此，贵州省建议支持调整二级国家级公益林、地方公益林，用于扩大山桐子、核桃、皂角等乔木经济林树种种植空间，破解林业产业发展用地瓶颈；支持适当调整商品林和公益林间伐后郁闭度、采伐株数强度及蓄积强度等指标，为林中种植利用提供生长空间。

2. 地方财政无力支持林业建设

地方财政支持用于林业建设资金极少，总体量都少，从其他转移支付支持林业产业发展的量占大头。特别是到市县更少，占财政支出0.1%就已经很艰难了，并且主要用于防火。如贵州都匀市，近三年用于林业改革发展资金分别为122.4万元、54万元、256.18万元，占地方财政收支比例分别为0.041%、0.02%、0.176%。

三、促进金融资本进山入林的政策建议

（一）督导地方加快林权登记存量数据移交整合工作

针对林权三权分置确权登记法律法规政策完善和新老林权证换发缓慢的实际问题，确实需要推动地方加快新老林权证换发进度，特别是林权流转申请林地经营权登记和林权融资的抵押登记工作。一是督导地方林业部门尽快向不动产登记部门移交林权登记存量数据，对仍未完成移交的全国18个省240个县加大督导力度，逐一沟通，限时完成移交工作，实行销号管理。二是争取与自然资源部联合印发清理规范林权登记历史遗留问题指导文件，分类研究清理规范的处置政策和方法路径，充分吸收前期试点探索的有效做法和经验，指导各地积极稳妥化解历史遗留问题。在林改培训班上增加林权登记的相关内容。三是将林权登记存量数据整合汇交进度纳入林长制考核范围，力争用3年左右的时间基本完成数据整合汇交工作目标。

（二）优化公益林保护与利用

一是调整公益林布局，对一级国家级公益林，严格落实不开展任何形式的生产经营活动的要求，对二级国家级公益林，在不影响整体森林生态系统功能发挥的前提下，倡导自然保护地外的集体人工林调出公益林范围。二是结合全国森林可持续经营试点工作，分区分类探索公益林抚育和更新性质的采伐以及树种改良相关技术规程。三是开展提升林产品供给能力试点，在不影响公益林生态功能的前提下，探索制定利用公益林开展林下经济、森林旅游等活动的国家规定。四是探索公益林差异化生态补偿政策，建议以地类为基本依据确定补偿标准，对乔木林采用较高标准，对竹林、灌木林、疏林、未成林地等采用较低标准，同时考虑保护等级因素。推动公益林的保护与利用，让全国最弱势、最贫穷的林农百姓以看得见、摸得着的方式不断增强获得感、幸福感、安全感。

（三）完善林木所有权权能

一是深入推进告知承诺制采伐，全面梳理总结各地经验建议，逐步完善采伐管理相关政策举措。二是开展集体人工商品林自主采伐改革试点，不再实行限额采伐和凭证采伐制度，明确取消伐前作业设计，以激发林业经营主体发展林业经营森林的积极性；强化伐后检查，督促经营者采伐当年或次年及时更新造林，确保林地用途不改变、林地不流失，采伐后不造成水土流失。三是鉴于广西主要为桉树短周期工业原料林经营的实际情况，建议支持广西简化桉树采伐许可程序，试点实施集体桉树林"不再按蓄积控制，改为按面积控制"的管理政策，不再强调伐前作业设计环节，加强伐后监管，确保不发生乱砍滥伐、伐后不更新、林地性质改变等情况，为林农属地就业创业增收，发挥山区林区巨大的资源优势创造便利条件，让广大林农实实在在享受到"靠山吃山、靠林致富"的获得感。

（四）推动林业规模经营

充分利用现有政策，推进集体林规模化经营：一是按照《森林法》的规定，加快出台《修筑直接为林业生产经营服务的工程设施占用林地标准（试行）》，为林业生产经营服务工程审批提供技术标准。二是支持规模化基地基础条件建设，将引水灌溉、作业道路、幼林管护、防火配套设施等基础条件，纳入国土绿化综合成本，推进修改相关资金管理办法，推动调整国土绿化项目定额补助转变为综合报价制度，推进实现项目化管理，以此带动集体林地规模化经营，奠定高产稳产高效的集约化经营基础。三是推动林业全产业链发展，充分利用油茶产业发展示范奖补政策，带动地方统筹安排资金并引导社会资本，支持加工、品牌建设、销售等产业链中后端，以及基础设施建设和科技研发等，合力提升项目区域全产业链发展水平。

（五）探索符合林业经营特点的财政金融联动支持体系

一是充分利用现有政策，如将油茶等木本油料纳入中央和地方储备范围享受指令性粮油贷款政策、扩大木竹加工和其他林产品加工纳入绿色产业目录以此进入绿色金融支持范围等政策，享受已有的金融支持政策。二是开展"建立中国特色的林业财政金融支持体系研究"，围绕着"生态美、百姓富"的国家战略要求，着力于林业具有的公益性基础产业的特殊性，从战略角度提出林业专有政策，如林权中长期专项再贷款再贴现、林权收储担保补助、林业贷款贴息、林业规模经营奖补、林业大县奖励、林道建设工程等财政金融联动政策。

浙　江

我国有集体林地28.93亿亩，占全国林地面积的60%，涉及1亿多农户。集体林是广大林农的重要生产资料，是我国重要的生态屏障和林产品供应基地，对保障国家木材粮油安全、应对气候变化、巩固拓展脱贫攻坚成果意义重大。2008年，中共中央、国务院出台了《关于全面推进集体林权制度改革的意见》，标志着集体林改全面推进。这场改革把集体林产权落实到户，是我国继家庭联产承包责任制后，又一场土地使用制度的重大变革。通过林改，集体林资源得到培育加强，全国集体林森林蓄积量较林改前增长近24亿立方米。集体林权流转稳步推进，新型经营主体达29.43万个，经营林地2.8亿多亩。

集体林改虽然取得了较好成效，但是集体林业综合效益不高，林农和社会资本经营林地的积极性不高，如何打通实现生态美、百姓富的"最后一公里"，已经成为当前亟待解决的问题。为进一步深化集体林改，为探索体制机制创新提供决策依据，国家林业和草原局发展研究中心调研组于2022年8月10~15日对浙江省湖州市德清县、安吉县，杭州市临安区以及绍兴市新昌县进行了实地调研，与浙江省林业局、湖州市林业局、德清县自然资源和规划局、杭州市临安区农业农村局、绍兴市新昌县林业局主要负责人和相关职能部门进行了深入交流与座谈。

2015年12月，国家林业局批复浙江省为"全国深化林业综合改革试验示范区"。2016年7月，国家林业局批复浙江省为"全国现代林业经济发展试验区"。围绕加快建设全国林业现代化先行省、国家生态文明试验区，推进生态文明建设先行示范和高质量发展建设共同富裕示范区目标，浙江省推进强村富民集成改革，持续探索与生产力相适应的经营模式，有力推动林业主导产业发展，在林业数字化智治、产业数字化应用场景应用赋能、创新林业新型经营主体等方面进行了有效探索，成效突显。

一、现　状

通过与调研县（区、市）集体林权改革主管部门负责人和相关职能部门人员的座谈，结合调研组对林改重点项目的实地踏查，主要调研县（区、市）林改情况总结如下。

（一）调研县（区、市）林改情况

1. 德清县

（1）基本情况

德清县位于浙江省北部，林业资源丰富，有林业用地面积61.88万余亩，占土地总面积的44%，其中生态公益林面积29.5万亩，竹林面积30.87万亩，森林覆盖率42.9%。作为全省9个林业股份制改革试点县（市、区）之一，近年来，德清县以深化集体林改为契机，通过培育林业经营主体、规范林权流转市场、创新绿色金融产品，为林下经济创造了有利的发展条件，主要形成了"林笋""林药""林菌""竹茶""森林景观利用"等林下经济发展模式，为农村居民增收提供了新途径，为乡村振兴注入了新活力。目前，德清县发展林下经济林地总面积34.5万亩，占林地总面积的55.8%，从事林下经济农户达2万余人，林下经济综合产值达105亿元。

（2）做法与成效

一是加大宣传引导，做好引领示范。全方位、多形式开展宣传工作，加大贯彻绿色生态发展理念，宣传发展林下经济有利于促进森林生态和谐，提升群众对林下经济的认识。加大对省内外"一亩山万元钱"林下经济模式及"千村万元"林下经济增收帮扶工程等带动林农增收致富典型事例的宣传，激发群众发展林下经济的热情。鼓励引导林农发展林下经济，积极培育和扶持种植大户，逐渐形成专业示范村、示范户、示范基地，以点带面，推动林下经济快速发展。以香水岭现代林业经济示范区、正大青春宝有限公司中草药基地等示范基地（大型企业）为核心，作为林下经济科技成果的孵化器、教学实践和培训林农的平台，辐射带动周边林农，不断提高林下经济组织化和规模化程度。二是政策资金扶持，做足林农保障。为便于规范管理发展林下经济等所需的林业用地，德清县出台《森林、林木和林地流转管理办法》《林地经营权流转证登记管理办法》，成立林权交易管理服务中心、森林资源资产评估中心，开展林权登记管理、森林资产评估、林权抵押贷款和林业综合保险等服务，为林权流转建立起规范高效的"一站式"管理平台，形成了公平、公开的市场秩序，有力促进林业资源顺利流转。为更好地解决由林农"贷款难、贷款贵"导致的缺乏资金用于林下经济发展等难题，德清县专门出台了《林权抵押贷款管理办法》《公益林补偿收益权质押贷款管理办法》，积极开展林权抵押贷款业务，进一步拓宽了融资渠道、扩大抵押范围、优化绿色金融服务，使森林资源变成"绿色银行"。根据实施的新政策，林农不仅在贷款利率方面获得相对优惠，而且还可以申请财政贴息，为林农创业增收提供政策和资金的双重保障。针对林农个体经济风险承担力弱、参与林下经济积极性不高等问题，鼓励林农以"保底+分红"的形式入股，与社会资本结成利益共同体，形成"合作社+基地+农户"的生产经营模式，推动林下经济集约化生产和规模化经营。三是技术指导推广，做大做优产业。进一步发挥行业主管部门职责，紧扣林业工作重点，围绕林长制、"一亩山万元钱"科技富民行动和"千村万元"林下经济增收帮扶工程等领域，制订《竹林下褐松茸栽培技术规程》等德清县地方标准规范，建立"竹林食用菌复合经营技术"示范基地，推广竹林地混种褐松茸食用菌技术。依托省"千村万元"林技指导团、市乡村振兴专家工作室、市笋竹产业联盟、县笋竹产业分联盟等技术推广专家服务团队，加强与林科院、农林大学的合作，通过培训、宣传、"三服务"活动、科技下乡等诸多途径，不定期开展面对面技术服务指导，真正将实用的技术推行到实践中。同时成立以县首席林业推广专家、科技特派员、林技指导员、责任林技员和乡土专家组成的"四联"帮扶团深入林业生产一线，主动联系企业、行政村、农户和示范基地，解决生产中的实际问题。实现科技创新与生产实践的紧密联系，做大做优林下经济。竹产业一直是西部山区林农增收的重要渠道，为山村经济的发展作出了巨大贡献。而近年来受一、二产业因水资源保护、市场需求下降、人力成本大幅上升等多重因素影响，林农经营毛竹入不敷出，竹林管理趋于粗放，对生态平衡带来一定影响。林下经济的发展为林农增收致富开辟绿色通道，使竹林恢复往日生机，青山叠翠，竹海绵延，真正实现了竹兴民富，成为践行"两山"理念的生动样本。四是引领多产融合，打造特色品牌。大力推广"合作社+基地+农户"运作模式，积极扶持林下经济经营主体，依托优质的生态资源，因地制宜发展休闲采摘、森林美食、生态旅游等森林康养产业。科学推广林笋、林菌、林药、竹茶等高效生态栽培，结合"洋家乐"等民宿，大力发展"采菇游"等林下复合经营，引领多产融合高质量发展。随着林下经济发展的不断推进和规模化逐渐形成，辐射带动农民参与程度不断扩大。以莫干山镇庙前村的民宿业主通过销售加观光采摘褐松茸模式为例，通过开展"采菇游"，让游客体验采摘乐趣，吸引了大批游客前来体验"游、宿、食、养（生）"，该村森林休闲游客达12万人次每年，年经济收入达到3500万元。传统竹业融合林下种植、休闲采摘、森林美食、生态旅游等真正实现了林地增产、林业增效、林农增收。打造优质特色品牌，积极鼓励种植户延伸产业链，加快形成生产、加工、销售一体化产业格局，自主特色品牌"香水岭""山伢儿"等发展势头良好。在传统营销模式的基础上，运用物联网技术，建立自主品牌二维码和溯源机制，通过网络渠道，以微商、京东等电子商务平台，形成"互联网+"营销模式，林下经济特色产品的销售渠道越来越通畅。

2. 安吉县

一是推进林权流转工作。持续推进林业经营体制改革，引导工商资本上山入林，进行林权流转。安吉县2017年和2022年分别出台了《关于完善安吉县毛竹经营权流转的意见》《关于做好毛竹林经营权流转工作的意见》，鼓励以安吉县各行政村以孝丰镇横溪坞村安吉横溪毛竹股份制合作社模式为模板组建村合作社，进行毛竹林流转工作，"统一经营、按股分红、利益共享、风险共担"，目前全县已流转毛竹林80.69万亩，入社农户4.89万户，用于开发竹林碳汇。其他林种流转面积2.05万亩，主要用于开展森林旅游和经济林种植。二是培育壮大新型林业经营主体。在流转、林道建设、林下经济等财政补助政策和毛竹收购价格指数保险上向新型经营主体倾斜。积极引导发展专业大户、家庭林场、股份合作社、林业龙头企业等新型经营主体，实现适度规模经营的目标。截至目前，全县有家庭林（农）场103家，其中省级示范家庭林场16家；全县有毛竹股份制专业合作社119家，其中省级示范性合作社2家，市级示范性合作社2家；全县有省级以上龙头企业25家，其中国家级2家。三是加大金融支持力度。推进林业绿色金融体系建设、建立林业金融定向激励机制和风险缓释机制以及建立健全林业投入机制。截至目前，安吉县已累计发放林权贷款458笔，抵押登记面积21.03万亩，贷款金额8.88亿元。2021年全县新增林权抵押贷款636万元，2021年发放林权抵押贷款贴息2笔共7.65万元，林农小额贷款贴息15笔共8万元。作为湖州市绿色金融改革与服务创新示范点，安吉农商银行发放全国首笔竹林碳汇质押贷款37.19万元。同时全国首个县级竹林碳汇收储交易平台在安吉上线，首期竹林碳汇收储(含预收储)规模14.24万亩，30年合同总金额7230.79万元。此外，两山竹林碳汇收储交易中心母公司安吉县城投集团获得"碳汇收储贷"意向授信40亿元；永裕家居、乐捷股份、大成纸业3家企业获得碳汇惠企贷1.19亿元，并与安吉相关银行签订碳汇认购协议，合计缴纳购碳资金41.6万元。安吉两山竹林碳汇收储交易中心收储已增碳汇和"销售"碳汇形成闭环。四是政策性林业保险工作。2013年开始设立林木综合保险，全县投保面积稳定在98万亩左右。2018年全国首创开展毛竹价格指数保险，投保面积13.92亩，以相对固定的保费平滑财政支出，有效地放大政府财政投入效益，增强竹农的生产管理积极性，促进竹产业的健康可持续发展。2020年开始设立古树名木保险，3年来共接到报案90起，救助保护古树82株，保障第三者财产约64万元。2021年开始开展全市首个全物种野生动物肇事商业保险，缓和群众财产遭受野生动物损害引起的矛盾，累计开展理赔128起。五是推进林业产业发展。积极推广林林、林菌、林药、林禽、林旅等林下经济模式。截至目前，安吉县发展毛竹林下种植1.2万亩，林下养殖0.3万亩，林下采集加工29.1万亩，森林景观利用40万亩。积极打造区域公共品牌，2012年注册"安吉冬笋"、2020年注册"安吉竹林鸡"地理标志证明商标，发布县级地方标准2个。做好林业科技推广工作。承担（参与）实施多个中央财政林业科技推广示范资金项目如"毛竹林下竹荪等食用菌仿野生栽培技术应用与示范""林下七叶一枝花仿生栽培技术示范推广""甜柿优质新品种及标准化栽培技术示范推广"。近3年来举办林下经济、茶园套种经营、新机械、香榧、甜柿等相关技术推广培训班15期，培训人数540余人次，发放技术资料600余份。培育省级林业乡土专家6名，有效发挥传帮带作用。实施林区道路建设工程。已累计建设林区道路超过2300千米，完成林道硬化提升超过220千米，硬化后的林道明显提升了抗水毁能力和通行便捷性，有效保障林业产业发展。实施"机械强林"行动。推动竹林生产和初级加工机械化，在山川乡大里村建设竹林生产机械化试验示范基地1个，经申报请示，浙江省林业局同意将安吉列为省竹林生产机械化试点县，相关工作正稳步推进中。依托绿色竹产业创新服务综合体。2022年，安吉县通过"林企林农出题、高校院所解题、政府助题"的方式，围绕原料采伐与初级加工、节能减排固碳、新型竹质材料、原竹和竹质板材重塑提升等领域关键共性技术需求，分"揭榜挂帅"和"重大专项"2个专题，"轻便高效竹材采运设备""竹材初级加工连续化智能化装备研制""便携式智能冬笋探测仪研制"等11个项目立项研发，助力产业发展。六是推进森林纠纷调处、仲裁。自2009年设立农村土地承包仲裁委员会以来（仲裁委办公室和仲裁庭设在林业局），安吉县共受理案件187起，裁决170起，调解15起，撤诉3起。安吉县选送的2宗仲裁案例和2名仲裁员双双荣获浙江省林权承包经营纠纷仲裁"十佳案例"和"十佳仲裁员"。安吉县另有4宗案例入选《浙江省农村土地承包经营纠纷调解仲裁案例选编》。

3. 湖州市

（1）基本情况

2006年，湖州市在1984年林业"三定"，1987年"大稳定、小调整""动钱不动山，分利不分林"以及2001年稳定和完善山林承包责任制等基础上，开展了延长山林承包期和换发林权证工作。到2007年5月，基本完成了确权发证、延长山林承包期为主要内容的主体改革。全市发证林地面积366万亩，占应发证面积的98.5%；签订责任山承包合同9.8万份，签订率98.2%；核发林权证16.68万本，到户率98.9%，建立起比较系统和完善的山林延包档案。在延包工作的基础上，从2008年开始，湖州市又进行了完善主体改革工作，一是认真开展"均股均利"的试点工作，解决了一些地方长期以来产权不明晰、收益权无法保证的一些矛盾；二是扎实推动林权信息化工作。按照 "人、地、证相符，图、表、册一致"的要求，将林地所有权证地图信息输入林权管理系统。2012年，湖州市各县（区）主体改革通过了市级验收，2013年，安吉县、德清县还被省政府授予"林改模范县"的称号。

（2）做法与成效

在主体改革的基础上，湖州市委市政府出台了《关于进一步深化集体林权制度改革的意见》，落实七个方面配套改革措施。一是加强林权管理，促进林权规范流转。各县区都建立了集林权管理、林权交易、资产评估为一体的森林资源交易平台，为规范流转提供"一站式"服务。其中安吉县建立乡镇林权流转服务中心13个、村级林权流转服务站135个。全市县级窗口平台面积106平方米，工作人员12个。在此基础上，各县区分别出台了推进森林资源流转的实施意见和林权流转管理办法，制定操作流程。目前全市累计流转林地面积78万余亩，其中通过平台规范流转面积超过25万亩。全市还有3000多人到江西、福建、安徽、湖南等竹产区承包竹林、荒山进行开发，承包山林面积60多万亩。二是推动林权抵押贷款，促进森林资源资本化。从2008年开始，全市农村合作金融机构每年安排1.5亿元信贷规模用于发放林权抵押贷款，并优惠贷款利率，简化贷款手续和森林资源资产评估。并先后出台了《关于做好集体林权制度改革与林业发展金融服务工作的指导意见》等多个指导性文件来推动林权抵押贷款的增量扩面。截至目前，全市累计发放林权抵押贷款达到15亿元，贷款余额突破4.49亿元，办理林权抵押贷款的银行有农信银行、建设银行、邮政储蓄银行、中国银行、农发银行等5家。三是探索林业保险，降低林业经营风险。湖州市德清县于2006年在全省率先开展政策性林木火灾保险的试点，目前，全市森林政策性保险262万亩（火灾险1230300亩，保额36909万元；森林综合保险1750221亩，保额54825万元）。全市120万亩重点生态公益林全部由政府统一进行了投保，政府统保100%。四是搞活经营机制，提高林业组织化程度。为抵御市场风险，促进集约化、规模化经营，积极引导发展林业产业协会和专业合作社。并积极探索山林"统一经营"的模式，安吉县成立了全省第一家毛竹股份制合作社——安吉尚林毛竹股份制合作社，目前毛竹股份合作社达到48家，经营面积超过6.9万亩，另有6家以林权作价出资的公司注册成功，其中林权作价出资总额1.488亿元。市林业局专门出台了《湖州市市级示范性家庭林场管理办法》，目前已建立家庭林场49个，林业合作社189个。五是发放林地经营权流转证，实现两权分离。浙江省龙泉市进行林地经营权流转证试点成功后，2014年6月，湖州市德清县率先出台了德清县林地经营权流转登记管理办法，2015年，浙江省也出台了《林地经营权流转证管理办法》，其他县区都开始了经营权流转证的办理工作。目前累计发放林地经营权流转证79本，面积2.2万亩，办理流转证抵押贷款3000余万元。六是强化法律保障，促进林改顺利进行。全市各县区都成立了农村土地承包仲裁委员会。其中安吉县在县林业局设立了仲裁庭审大厅、仲裁办公室、调解室、受理室，聘请了18名仲裁员。制定仲裁规则等相关制度，规范工作程序，依法开展仲裁。2010年7月24~25日，全国集体林权制度改革工作座谈会暨农村林地承包经营纠纷调解仲裁现场会在安吉召开。同时市县林业局都成立了法律援助工作站，积极开展了山林纠纷、经营权争议、林权流转等方面的法律咨询。七是开展采伐改革试点，落实林农的处置权。2009年，湖州市长兴县、安吉县开展了林木采伐管理试点工作，通过加快编制森林经营方案，改革森林采伐限额管理范围和森林采伐管理方式，推行采伐限额公示制度，实行森林采伐分类管理等措施，进一步简化了森林采伐审批程序，落实了林农的处置权。2014年，浙江省出台了新《浙江省林木采伐管理办法》，取消了竹子采伐计划管理和凭证运输管理。

4. 临安区

（1）基本情况

临安区集体林改工作先后经历了20世纪80年代初期的承包到户，21世纪初期的延长山林承包期、核发林权证和当前持续开展的全面深化集体林改、以林长制为统领着力推进林业智治三个阶段。目前，深化集体林改工作主要围绕放活经营权、落实处置权、保障收益权、推进共同富裕四方面内容来开展，取得了一定的成效，先后获得"全国林改典型县""浙江省林改模范县""浙江省农村综合集成改革示范区"等荣誉称号。涌现出从"砍树"到"看树"华丽转变的太湖源镇白沙村，还有从"护山优生态、活山强动能"到"富山兴产业、乐山保民安"的高虹镇龙门秘境村落景区等一批典型。

（2）做法与成效

一是进一步扩大农民林地承包权。首先，落实了林木所有权。临安区早在2001年开展延长山林承包期时，向林农核发了林权证，是浙江省乃至全国率先给农民发放林权证的县（市）。但由于对当时党的农村基本政策理解不全面，没有将林木所有权登记到农户。在此次深化改革阶段，对原2002年发放的8万多本林权证全部换发新证，新证将林木所有权一律从集体登记到农户个人名下。同时，积极对明晰产权开展查漏补缺，使确权户数总数达到12.3万余户，确权率98.6%。其次，实施了林木抵押权。为拓宽农村投融资渠道，解决农民生产经营资金短缺问题，从2009年开始，开展了林权抵押贷款工作，农户以承包林地上的林木所有权作抵押，向金融机构申请贷款，林业部门做好抵押物登记服务工作（2016年已移交不动产登记部门）。截至2021年年底，全区林权抵押贷款累计额突破12亿元，其中90%以上属于农户小额贷款，贷款余额达4.1亿元，直接受益农户6500余户。一方面有效解决了农民贷款抵押物问题，另一方面，5年来共争取省财政对全区贴息总额达1000多万元，深受农户的欢迎。同时，创新推出山核桃气象指数保险等政策性险种21种，承保45.5万户（人），保险金额23.15亿元。最后，推行了林木股份经营权。随着全区集体林改不断向纵深发展，为进一步推进林地流转，实现林业集约化、产业化经营，将流转林地的承包权和经营权分离，形成所有权、承包权、经营权三权分置。在山核桃产区开展农民股份专业合作的试点工作，农民以山核桃的收益权作为股份加入合作社，按山核桃的年产量折算具体股份数量，享受分配权。推行股份合作社这一新型林业经营主体，有效提高了山核桃规模经营效益，有利于推广林业标准化生产、实现可持续经营，并确保农民的林地承包经营权不变，确保农民不失山、不失林、不失权。2016年以来，全区已发放林地经营权证148本。

二是进一步发展农村经济推动共同富裕。积极培育主导产业。把林改与全区农村经济发展有机结合，实施"东竹西果"战略，重点发展笋竹、山核桃、香榧等为主的绿色产业，实现了"资源增量、产业增效、林农增收"的森林可持续经营目标，使林业产业在临安农民收入中发挥着半壁江山的作用。大力发展林下经济。依托丰富的山地资源，实施"千村万元"林下经济增收帮扶工程。大力推行林药、林菌高效栽培，林下种植道地名贵中药材、食用或药用的菌菇类植物，以及种植养殖复合经营，累计发展面积达5万亩以上。积极扶持产业龙头。培育了杭之宝、姚生记、意向、西马克等一大批规模大、效益高、带动力强的龙头企业，带动了全区特色经济林产业的蓬勃发展。现全区有笋竹加工企业185家，加工产品达14个系列、500多个品种，加工产值近20亿元，出口创汇9000万美元，是全国最大的水煮笋和天目笋干加工销售中心。以龙岗镇为中心的坚果炒货食品城集中了炒货生产企业135家，规模炒货企业16家，约占全市炒货企业的38%，全区坚果加工总产值达到50余亿元。同时，在杭州市竹产业协会、竹文化研究会及山核桃产业协会的基础上，培育各类特色经济林专业合作社134家，其中省级规范化合作组织5家，入社社员达6120户，带动周边农户5万余户。积极培育电子商务。近年来，全区大力实施"电商换市"工作，从"临安小核桃"到"好坚果、临安造"，到"中国杭州淘宝临安山核桃淘时节"，再到打造政府平台"买新鲜吃放心"农林特色线上平台，临安区委、区政府全力组织各类线上线下促销推广活动。通过山核桃网络销售带动临安整个中国坚果炒货食品特色产业发展。截至目前，全区拥有7个省级电商镇、49个省级电商专业村、16个省级电子商务示范村，建成33个省级农村电商示范服务站。2021年，全区网售总额近100亿元，是"中国电子商务发展百佳县"，全国首批"互联网＋经济林产品（山核桃）营销模式示范单位"。2015年，时任国务院副总理汪洋曾专门到临安考察临安山核桃电商，对临安区"市场倒逼，政府推动，大众创业"的农村电商发展模式给予了充分肯定。

三是进一步健全林业社会化服务体系。首先，搭建林权交易平台。为确保林权流转信息有效传播和林权流转行为在阳光下运行，于2009年成立了林权交易中心，同时还与华东林权交易中心签订合作协议书。2013年12月，杭州市临安区农村产权交易中心正式挂牌运行。现全区10万元以上的集体资产交易均在此平台完成。其次，培育专业营林队伍。积极培育各类林业社会化服务队伍。大到森林病虫害统防统治服务，小到山核桃机械脱壳去皮加工，以及半专业化的林木抚育采伐队，解决了一家一户干不了的事，解了农民的后顾之忧。最后，推进中介健康发展。目前，全区林业资源资产评估工作均推向市场，全部由社会中介机构承办，实际参与的有三类：第一类是由林业主管部门颁发的林业调查设计资格的机构（100万以内）；第二类是由发改（价格）部门颁发的价格评估资格的机构；第三类是由财政部门颁发的资产评估资格的机构。具体选择哪一类评估机构，由发放贷款的金融机构自由选择。

四是进一步强化依法治林。首先，整合林业执法机构。组建成立农林综合执法队，将原分散的林地、林木、野生动植物、森林火灾等行政执法统一归口由农林执法队负责。其次，开展法律咨询服务。2011年成立了临安区法律援助中心林业局工作站，承担全区林业法律咨询和群众来信来访，协助调处山林纠纷调处工作，为全区林区稳定做出了应有的贡献。再次，开展林权争议调处。为促进林改工作顺利推进，临安区成立了土地承包经营纠纷调解仲裁委员会，及时调处林改进程中出现的纠纷1000余起，调处率达98%，改革平衡有序推进，没有出现一起因林改引发的群体性事件或越级上访。最后，规范户主变更管理。临安区自2001年开始向农民承包山林发放林权证以来，很多家庭户主发生了很大的变化，都急需办理户主变更登记：有的林权证登记的户主已经去世；有的家庭子女已经另立门户；有的因户主年事已高，金融机构不予受理林权抵押贷款等。临安区根据不同情况制定了相应的管理办法，将应提供的材料等一次性告知农户，方便农户办理变更登记，特别是在全省率先引入公证参与林改，临安区公证处已为户主变更提供公证服务近百起（2016年已交由不动产统一登记）。

五是进一步实施科技兴林。推广林业实用科学技术，提高林农致富能力。广泛同浙江农林大学、亚热带林业研究所、省林科院开展科技合作，建立山核桃、竹产业等省级科创中心，提升全区林业产业科技水平，增强林下经济发展潜力。积极开展产业科技研发，先后完成了雷笋早出覆盖技术研究、山核桃丰产稳产技术等科研项目25项，获部、省级奖10项。雷笋早出覆盖这一项技术，就使竹笋经济效益提高了近10倍，为临安农民增收5亿元以上。强化标准化建设。近年来，由临安主持或参与编制的《山核桃产品质量要求》《临安菜竹竹种》等林业标准达19个。强化科技示范带动。全区建立了市级以上示范点17个，科技示范乡镇6个、科技示范村30个、科技示范户500个，示范点面积达6万余亩。每年举办各类培训班100多期，受训农民1万多人次，全区林业实用技术普及率达到80%以上。利用现代电子信息技术，打造林权管理系统。建立林权信息系统，解决历史遗留问题。做到系统中的证本数量与实际发放数量一致、证本数据与原始申请表（册）一致、证本面积与实际面积一致，并能实现空间数据与属性数据及图证的互查，实现了林权信息的网络化管理。目前正在打造林权管理系统的升级版，计划将所有林权申请资料电子化，并录入系统内，为林权档案电子化管理打好基础。

六是进一步推动林长制落地见效。根据中央和省市的统一部署，临安区于2021年8月全面启动林长制工作，统筹推进生态修复、资源保护、产业发展、数字化改革等工作，全方位推动林业高质量发展。2021年12月，出台《临安区全面推动林长制工作实施细则》；2022年1月，临安区林长制办公室印发《杭州市临安区林长制工作运行管理制度》；3月，作为全省唯一的申报单位被省政府推荐参加2021年度国务院督查激励事项（林长制激励市或县）评选；同月，杭州市委领导对全区林长制工作作出批示肯定。2022年7月14日，人民日报社发表《青山有人管，责任有人担》，嵌入介绍了临安林长制的有关做法。在体系建设方面，形成全域覆盖、一抓到底工作责任体系。全区设有林长577人。其中，区级林长23人、镇（街道）级林长236人、村级林长297人、自然保护区和国有林场林长23人，林区警长60人。在运行管理方面，推行网格化管理，推动各级林长履职尽责，累计开展林长、警长巡林（包括调研、督查、指导）8000余次。制定推动农业（林业）高质量发展的实施意见，区财政安排林业专项经费9000多万元，强化林业基层基础建设，建立护林网格717个，救护野生动物67起，核查2022年森林督查图斑755个、市长自然资源审计图斑919个，发现违法图斑67个；整改销号2021年森林督查违法图斑46个；办结林业执法案件32起，罚款94万元。在督查考核方面，创新建立"五色图"晾绩考核机制，每季度对镇街林长制工作情况进行考核赋分，并纳入乡村振兴专项考核内容。全面开展人大代表评议林长（警长）工作，组织动员全区各级人大代表综合运用视察督查、听取报告、专题询问、履职评议等方式，督促落实林长、警长巡林、护林责任。积极探索林长智治应用场景，完成林长、警长和护林员信息输入和运维试验。

七是提升林业数字化。数字赋能产业，智慧再破边界，临安区大力推进云计算、物联网、大数据、人工智能等基础技术在山核桃、竹产业生产、经营和管理中的有效运用，紧紧围绕"哪里合适种""如何种得好""如何加工好产品""如何卖得好"等一、二、三产业融合发展的核心问题，创新建成"山核桃产业大脑""竹产业大脑"，为山核桃、竹笋全产业链融合发展提供全面的科技支撑，成为推进长三角区域山核桃产业一体化发展、撬动坚果产业高质量发展、实现山区农民共同富裕的重要途径。经营数字化，种植更生态。配合卫星遥感技术，建立林地生态适宜性评价模型和灾害评价模型，解决哪里适合种的问题，为林农的生产生活提供安全保障。依托病虫害AI识别应用，林农拍一拍照片就可以掌握病虫害的情况和防治方法，配合病虫害智能预警与防治分析模型，更能实现"及早发现、数字预警、联动处理"的病虫害防治闭环，提高防治效率，降低防治成本。生产数字化，安全更安心。通过大数据监测，只要坐在电脑前，就能实时监测山核桃原料和加工品质。通过"浙食链、浙农码"，将原料收购、生产加工等环节公开化，消费者通过网络即可查看山核桃种植加工情况，溯源有监管，安全看得见。营销数字化，生产不再难。利用电商大数据和消费者画像数据，更加直观地掌握各地销量情况，地区口味偏好等信息，助推行业合理制定标准，帮助企业实现精准营销、精准加工。如通过消费者画像分析发现，消费者喜爱的口味椒盐味占比58%、奶油味占比39%，企业可从容调配各口味加工量占比。资产数字化，授信更方便。基于地理时空大数据和遥感算法模型优势，为山核桃林地提供动态的山核桃数字证书作为金融凭证，联合临安农商银行等金融机构推出农证贷，一键直达申请贷款。现已对1万多户农户追加授信，农户、主体和村集体获得了更多贷款授信。

八是发展碳汇林业。2010年，临安区被国家林业局授予全国碳汇林业试验区。多年来，在中国绿色碳汇基金会和上级有关部门的关心指导下，做了大量卓有成效地探索和实践工作。成立了中国绿色碳汇基金会临安碳汇专项基金，首期募集资金近400万元。开展了碳汇造林和农户森林经营碳汇交易体系建设，形成了集项目设计、审核、注册、签发、交易、监管于一体的交易体系，42户农户成为全国首批进入林业碳汇自愿交易体系的农民群体，并在第二十届联合国气候大会上进行交流。实施G20杭州峰会碳中和林项目，高标准完成334亩碳汇造林任务。推动临安区代表中国成功加入全球城市森林联盟，承诺将保护和恢复森林，并帮助市民进一步了解森林的巨大效应。探索实施林产品"天目水果笋"碳标签，把林产品在生产经营过程中所排放的温室气体排放量在产品标签上用量化的指数标示出来，引导消费者选择低碳商品，提升林产品品牌价值。

5. 新昌县

坚定"绿水青山就是金山银山"的发展理念，积极深化林业综合改革，推进产业发展。一是探索两山转化机制。2021年年底印发《新昌县"两山银行"试点实施方案》，加快建立健全生态产品价值实现机制，拓宽生态资源变资产、资本的转化途径，实现生态强村富民，奋力打造浙江高质量发展建设共同富裕示范区县域标杆。2022年2月印发《新昌县公益林收益权质押贷款管理办法》，深化绿色金融改革创新，拓宽村集体经济组织与农户融资渠道，加大金融服务乡村振兴力度，目前已成功发放贷款100万元。二是开展林业股份合作制改革试点。以农民纯林地入股组建"新昌县甘家坞休闲农业专业合作社"，注册资金200万，入股林农140余人，通过规模流转、规模发展推动林业产业发展。三是稳步推进林业政策保险。持续做好林木综合保险，公益林火灾保险、古树名木公众责任险全覆盖，切实保障林农权益。2022年开始投保野生动物肇事公众责任保险，落实野生动物"肇事"、政府买单机制。

（二）浙江省林改情况

浙江省"七山一水二分田"，是我国南方十大重点集体林区之一。近年来，作为全国唯一的林业综合改革试验示范区和现代林业经济试验区，浙江省充分发挥先行先试的优势，认真贯彻落实中央关于深化集体林改的部署要求，创新强村富民集成改革，持续探索与生产力相适应的经营模式，有力推动了竹木制造、木本粮油、林下经济、花卉苗木、森林康养等五大千亿主导产业的发展，初步走出了一条"绿水青山就是金山银山"的现代林业发展路子。

近年来，浙江省以"全国深化林业综合改革试验示范区"为平台，深入推进集体林改，强化政策供给，激发产业活力，释放改革动能，进一步破除制约林业高质量发展的体制机制障碍，不断探索"资源变资产、资金变股金、农民变股民"的共富模式，为全国集体林改探索了新的模式。

1. 积极探索林地经营权股份流转

大力推进林地所有权、承包权、经营权"三权分置"，探索林地经营权股份化流转，在全国率先总结提炼了林地股份合作制、林木股份合作制和股份制家庭林场等三种模式，鼓励林农以"保底+分红"的形式入股，与社会资本结成利益共同体，发展适度规模经营。在推进国家公园中率先开展集体林地地役权制度改革试点，百山祖国家公园管理机构被授予全国首本集体林地地役权登记证明。"钱江源国家公园集体土地地役权改革的探索实践"成功入选2021年在云南举办的联合国生物多样性大会"生物多样性100+全球特别推荐案例"。

2. 积极探索林地经营权证制度

2013年，龙泉市在全国率先试行林地经营权流转证制度，在《农村土地承包法》明确经营权证后，2019年，浙江省林业局印发了《关于浙江省林地经营权证管理办法的通知》，切实维护林地流转当事人的合法权益，拓宽了林权抵押贷款、财政奖补等功能，促进了林地规模化集约化经营。截至目前，全省累计流转林地经营权面积860多万亩，发放林地经营权证1985本。

3. 积极探索林业金融改革

在全国率先创新推出各类惠农金融产品，林权抵押贷款业务已基本覆盖了浙江省所有林区县，贷款银行已扩展至四大国有银行等16家银行。2021年年末，全省贷款余额破百亿元，直接抵质押贷款农户4.93万户。开化县首创森林碳汇等多种质押物联体贷款模式，贷款额度最高可达碳汇评定价值的20倍以上，累计发生林权贷款余额6.8亿元，受益农户达920户。淳安整合公益林补偿收益权，按照放大15倍向薄弱村发放公益林补偿收益权质押贷款，统一用于投资扶贫项目，带动薄弱村集体增收。在全国率先探索商品林政策性支持保险，不断完善林业保险体系，消除林农后顾之忧，降低林业经营风险。各地积极开展具有地方特色的林业保险，如常山、青田等地推行的油茶气象指数保险、诸暨推出的全国首个香榧高温干旱气象指数保险，为茶农、榧农持续健康经营产业系上了"安全带"；安吉推出毛竹收购价格指数保险，有效地遏制了竹林的大面积退化和抛荒势头。

4. 积极探索林业发展要素保障

2019年经省政府同意，出台了《关于支持工商资本"上山入林"投资林业产业的若干意见》，完善产业要素支持，规范设施林业用地管理，支持林业重大产业项目的用地保障，积极鼓励资本、技术、人才等生产要素向林业集聚。2019年以来，浙江省陆续出台《浙江省公益林抚育更新采伐管理办法》《关于认真贯彻落实新修订森林法切实做好林木采伐管理等相关工作的通知》《浙江省人民政府关于批准公布"十四五"期间年森林采伐限额的通知》等文件，在依法保护的前提下适度放宽采伐政策限制。同时，为有效解决竹材分解点审批难的问题，下发《关于印发推进竹产业发展若干政策措施的通知》，明确对竹材堆放用地、晒场、贮存等直接为林业生产经营服务的设施，按照《森林法》《中华人民共和国森林法实施条例》等规定，办理林业生产设施占用林地审批，在不改变用途的前提下，允许利用上述设施开展竹材、竹笋的物理分解流程。

（三）浙江省林改特色——创新发展林业适度规模经营模式

浙江省在不断地探索实践过程中，创新了多样化的新型林业经营主体，即发展林业适度规模经营典型模式，是推进林业供给侧结构性改革的重大举措，加快林业现代化的战略选择，更是推动山区共富的重要途径。

1. 以安吉为代表的毛竹股份合作制改革模式

安吉县是浙江省重点林区县之一，被称为"中国竹乡"，拥有99万亩竹林，其中毛竹林87万亩，约占全县森林面积的50%。安吉因竹而绿、因竹而美，也因竹而富。2010年，安吉县启动毛竹股份合作制改革，农民以毛竹资源入股、统一经营，形成按股分红的经济体，比农户自己经营高出20%。在碳达峰碳中和背景下，安吉正积极探索竹林碳汇改革，开启因碳兴竹之路。通过排摸全县竹林资源，安吉测算出碳储量134万吨、试验毛竹林每亩每年碳汇量为0.39吨。依托"两山银行"，安吉上线运行"一中心、三平台"，即"两山"竹林碳汇收储交易中心和碳汇生产平台、碳汇收储平台、碳汇交易平台，建立起"林地流转—碳汇收储—基地经营—平台交易—收益反哺"的全链条体系，实现竹林碳汇可度量、可抵押、可交易、可变现。2021年，全国首个县级竹林碳汇收储交易平台落地安吉。安吉以竹产业二次振兴为目标，实施林权制度改革，加快毛竹林流转。毛竹林1000亩以上的行政村通过农户林权作价出资方式，组建股份制专业合作社119个，实现统一经营管理。目前，全县已流转签约面积达48万余亩。为改善竹林经营设施、降低成本，全县实施80万亩竹林增汇工程，将建设索道、轨道800千米，谋划建设竹材分解点100个、新改建林道2000余千米等。

2. 以浦江为代表的林地股份合作制改革模式

2012年，浦江县立足当地实际，在全省率先开展林地股份合作制改革。按照政府引导、农民自愿的原则，把农民的林地承包权转化为长期股权，变分散的林地资源为联合的投资股本，通过组建林地股份制合作社，创新"林地变股权、农民当股东、收益有分红"的林地经营新机制，鼓励农民林权入股，吸引工商资本规模投入林业产业发展，走出了一条适合当地林业发展的新路子。林地是农民赖以生存的资本，考虑到林地作为股份投资的特殊性和农民承担风险的脆弱性，浦江要求林地股必须有别于一般意义上"利益共享、风险共担"的资金股，创造性提出"保底+递增"的分红模式。规定前15年，每年按照当年的省级生态公益林年度补偿标准分红；后三个5年间，按5%、10%、15%比例递增分取香榧青果的方式分红，但保底分红不少于每亩300元。据此测算，按50年合同期计算，农民每亩林地可分红5万元以上，与之前传统流转模式每亩500~1000元相比，收益高出了不下50倍。浦江县以林地股份合作制改革为主的集体林改为香榧产业规模化发展扫清了障碍，并取得了初步成效。全县香榧发展面积达到3.5万亩，从业人数3000余人，规模在100亩以上的香榧基地24家。工商资本在开发的同时也积极带动周边农户共同致富，个体农户发展香榧近万亩，农户每亩最高收入有2万多元。

3. 以仙居为代表的股份制家庭林场改革模式

2013年，仙居县因势利导，大力培育和发展一批以"林权入股，亲情链接，统一经营，按股分红"为主要经营模式的股份制家庭林场，使农户由分散经营向适度规模经营转变，有效解决了家庭承包责任制后林地细碎、生产规模小，基础设施建设难度大，先进实用技术推广难，经营水平提高慢等诸多问题，创新了林业发展新机制，促进了林业现代化进程。通过政策引导、资金扶持、技术服务、规范管理等一系列措施，全县共培育股份制家庭林场约30家（其中省级示范性家庭林场6家），经营面积近1万亩，平均每家经营规模约400亩，最大的1300余亩。

4. 以庆元为代表的国乡合作经营改革模式

庆元县是全省重点林区县之一，2020年以来，通过成立国有运营公司，建立融资平台，利用农发政策性银行，对商品林进行收储。对农民承包的现有林木资产进行评估，根据评估价值，农民将林地以租赁、合作分成方式流转至村集体经济组织，村集体经济组织根据自身需求选择合适的回报机制，与项目实施主体签署集体林权流转合同。该模式将国有林场的技术优势、资金优势与农民林地资源有机结合以来，把广大农民零散的林地流转到国有林场，从而实现规模化集约化经营，促进农民增收。庆元县三大国有林场联合开展"国乡合作经营2.0版"，成立庆元县和兴生态林业发展有限公司作为实施主体，更新分红模式，变30年轮伐期一次性分红为三年支付一次预期分红，按协议约定保底预支付，抵消林业经营收益慢、风险大的弊端，提振农民合作信心。截至目前，庆元累计洽谈国乡合作山场20000余亩，签约新一轮合作协议10份，涉及山林2000余亩。同时，量化农民的"股权"，允许林权流转收益可转让、可质押，还允许将产权清晰、界址完整的林木、林地资源资产包，通过产权交易平台实行线上线下公开交易，积极吸引社会资金进入参与林业经营，形成良性循环，持续发展。

5. 以新昌为代表的强村富民"平台＋基金"经营改革模式

新昌县是一个"八山半水分半田"的山区县，近年来，全县不少林地抛荒失管，大量毛竹、板栗树等林业资源荒废甚至枯死，不仅减少了村集体和村民收入，还增大了病虫害、森林火灾以及地质灾害等发生的风险。为了激活荒废林业资源，2021年，新昌县在小将镇、沙溪镇实施开展1.5万亩低产低效林改造试点。2022年4月，新昌县委、县政府制定《绿色共富低效林改造实施方案》，提出利用毛竹林、板栗林、荒芜果园茶园、荒山荒地等低产低效林地，发展以香榧为重点的名优林，计划到2024年建设10万亩良种香榧基地。据当地测算，10万亩香榧林每年可创造利润5亿元，为经济薄弱村增加收入10万元、低收入农户增加收入5000元以上，产生固碳释氧价值3000多万。为解决山区村青壮人员外流、老幼病残留守人员的"提低"、低产低效林改造"无人参与"等问题，新昌县专门成立县共创公司和县强村公司作为经营主体。县共创公司由县国资公司出资成立，负责低产低效林改造的项目融资和资产增值。县强村公司由县国资公司和12个乡镇（街道）强村公司共同组建，负责山林资源流转和村民增收。乡镇（街道）强村公司则由198个薄弱村的经济合作社入股成立。截至2021年年底，县强村公司已完成签约流转林地5万余亩、种植香榧林近5000亩。据当地测算，10

年后10万亩香榧林价值可达150亿元，每年香榧果收入可达10多亿元。同时，为解决低产低效林改造很难吸引市场主体参与的问题，新昌县设立兴村富民股权投资基金用于低产低效林改造等项目，吸引了三花智控、新和成、万丰奥威、浙江医药、中财管道等8家民营企业参与投资。"兴村富民"基金规模10亿元，其中8家民营企业共认缴了1.4亿元。民营企业通过认缴基金，以市场化方式参与低产低效林改造，既助力山区群众增收，又可减少投资风险、保证投资收益，实现了从"输血慈善"向"造血共赢"的转变，有利于增强推动乡村振兴、共同富裕的活力和后劲。

五、问　题

浙江省作为全国唯一的林业综合改革试验示范区和现代林业经济试验区，是全国林业事业发展的实践创新排头兵。浙江省围绕践行"绿水青山就是金山银山"的发展理念，先行示范省和林业现代化"重要窗口"建设目标，从深化林业数字化改革提升整体智治水平，从深化林业"三权分置"改革完善产权权能，从深化林业金融服务改革增强发展活力，从深化森林资源资产管理体制改革增强可持续发展能力，以及从健全生态产品价值实现机制促进"绿水青山就是金山银山"有效转化等方面进行了有效探索，在取得初步成效的过程中，面临着一些重点问题。

（一）如何统筹林地进行规模经营管理

浙江省作为全国经济发达地区，农民非农就业收入相对林地分散经营收入高出太多，大部分农民已不再完全依赖山林经营，农村青壮年劳动力大部分选择外出务工，导致大部分山林闲置无人经营，林业生产关系亟须调整。围绕"山林谁来经营管理"，安吉、浦江、仙居、庆元、新昌等5个县结合当地林业特点，创新了林业股份制合作、家庭林场、国乡林场合作等个人、集体和国有投资经营管理的多种林业新型经营主体，创造了"保底+分红"的农民收益保障机制。但从实际情况来看，统筹林地进行规模经营的情况仍不普遍，林业对社会资本吸引力不高。

（二）如何保障林业经营主体林地流转经营权

林地经营权流入方最关注流转方式和权益保障。发放林地经营权证在一定程度上保护了林地经营者的合法权益，但林地经营权证发放制约过多、流转合同不够规范、林权权能赋予不足等问题依然困扰着经营者。

（三）如何解决林业经营主体的融资渠道和经营风险

融资是林业产业发展的基础，除了抵押贷款，如何多渠道融资是林改的重要保障，当前林权抵押还不够持续稳定，核心问题是资产评估和变现难。保险险种创新是激励林业经营主体投入林业的风险保障，林业受自然灾害危害的频率比较高，野生动物损害、林下经济灾害等政策性保险还远远不多。

（四）如何改善资本"上山入林"营商环境问题

当前资本"上山入林"总体观望多，真正投入较少，在资金、土地、资源等生产要素方面，瓶颈束缚依然存在，特别是产业发展资金缺口比较大，融资也较为困难，流转林地进行规模经营的比例较低，林业经营潜力尚未充分发挥。

（五）遗留林权纠纷问题仍然存在，调处难度大

人口、户口、就业变化带来的人山矛盾等问题依然存在，经济调节机制需要完善；林权总体上是明晰的，但还存在少量山证不符、界线不清等问题，山林权属纠纷时有发生。

（六）林业经济效益不高，产业化水平普遍不高

总体来说，林业和林下资源利用率不高，产业化水平低，组织化程度低，缺少龙头带动和典型引导；林业股份制合作社运作机制不规范、主体经营能力弱、增收渠道不多，地方政府积极性不高。

六、对　策

2018年4月，浙江省人民政府办公厅印发《关于大力推进林业综合改革的实施意见》。2021年3月，浙江省林业局印发《浙江省深化林业综合改革实施方案（2021—2025）》。可见，浙江省林业综合改革主要针对林业生产组织化程度较低，社会投资林业制约因素较多，金融支撑、政策法规与市场主体的需求仍有较大差距等林业发展问题，全面推进以集体林改为核心的各项林业改革，调整林业生产关系，增强林业发展动力，以期实现践行"绿水青山就是金山银山"的发展理念，先行示范省和林业现代化"重要窗口"建设目标。

从浙江省林改存在的问题来看，与广东省都有林业产业化程度不高、林地亟须适度规模经营、林权纠纷时有发生、工商资本"上山入林"积极性不高等共性问题，根本症结在于林业经济效益较低、分林到户分散化、资金投入不足、现代科技应用水平不高等，即林地、资本、劳动力、技术等生产要素无法有效激活，林业生产关系无法适应浙江省全国林业现代化先行省和全国共同富裕示范区的新时代发展要求。考虑浙江省林业综合改革具有先行先试的优势，拟在参考广东省集体林改调研报告的基础上，提出以下对策。

（一）围绕共同富裕，深化林业股份合作制改革，推进规模经营

在总结提炼各地毛竹股份合作制、林地股份合作制、股份制家庭林场、国乡股份合作等模式基础上，进一步深化林业股份合作制改革，大力实施林业强村富民集成改革，通过国资流转让收储平台，把闲散的林业经营性资源资产集中起来，与社会资本、国有林场结成利益共同体，实行统一开发和生产经营，促进集中连片种植和全链条管理，不断探索村级集体经济发展新方法、新路径，壮大农村集体经济，促进农民共同富裕，为全国提供可复制、可推广的"浙江经验"。

（二）围绕主导产业，将林权由"分"到"合"，推动适度规模经营

建议将林权由"分"到"合"，在确保"保底+分红"的基础上，将分林到户的集体林重新合归村集体，解决林权遗留问题的同时，推进林业适度规模经营，不断扩大林业主导产业规模，不断放大适度规模经营效益，多路径提升规模经营水平，多元化培育新型林业经营主体，多模式完善林业发展的利益分享机制。着力构建以股份合作为主导的林地流转经营格局；着力培育以产业联结为纽带的新型经营主体；着力健全以财政金融为支撑的产业投资政策；着力提升以高效利用为核心的现代经营模式；着力发展以五大千亿为目标的绿色富民产业。

（三）围绕数字赋能，建好林改产业大脑，打造五大主导产业链

以林业流转平台为基础，选择山核桃、竹、香榧等特色产业开展林改数字化应用场景建设，以林业五大千亿主导产业为重点，在林业产业数据入库上图的基础上，以中心产区、重点产业带、大型基地、规模企业为依托，利用大数据、云计算技术，打造智能林业产业大脑，分批建好以"浙山珍""浙里至品""浙里康养"为目标的林业产业数字化场景，逐步建立林业产业"一张图"数字化管理平台，建立主导产业链一体化发展平台。

（四）依托林业数字化建设，推进林业数字化智治

结合浙江省林业数字化建设，以森林资源调查成果为基础，全面推进林地审批、林木采伐、国土绿化、森林病虫害、森林防火等资源数据"落地上图"，推进资源保护、生态建设和产业富民等应用场景，推进林业现代化治理。

（五）创新推动金融改革

通过金融和保险创新，解决林业融资难、经营风险大的问题。大力推进林业信用贷款、林权抵质押贷款，创新绿色金融产品。健全"林业+金融"合作机制，构建林业信用体系，增强林权金融属性，做强做大林权抵押和公益林补偿收益权质押贷款。开展经济林预期收益抵押贷款试点，引导金融机构探索创设绿色期权、债券等绿色金融产品。推动林业保险高质量发展。加强政策协同，优化林业保险政策，夯实政策性林业保险供给基础，拓展林业保险服务领域，实现政策性林业保险全覆盖，地方特色品种保险试点增量扩面，涉林保险有序开发。

（六）强化服务指导，加大配套改革等政策扶持措施

加强对林权确权流转的法规性、政策性指导和服务，引导依法依规进行林权流转，保障流转双方合法权益，避免因林权流转导致林业产业发展的基础风险，保障林地流转经营权。同时，出台扶持林业产业发展的政策意见，强化宏观调控，实施政策倾斜，加大资金投入，引导工商资本"上山入林"。

2022

集体林权制度改革监测报告

创新 林长制体制机制，提升林草治理能力现代化

广 东

为进一步落实中共中央、国务院及广东省委、省政府关于全面推行林长制的相关决策部署，推动广东省各级林长履职尽责，做好森林、草原资源的保护和发展工作，广东省委、省政府认真学习贯彻习近平生态文明思想，深刻领会中央全面推行林长制的战略意图，全面落实中共中央办公厅、国务院办公厅印发的《关于全面推行林长制的意见》及国家林业和草原局《贯彻落实〈关于全面推行林长制的意见〉实施方案》，根据广东省委、省政府办公厅印发的《关于全面推行林长制的实施意见》等文件要求，始终把林长制改革作为践行"两山"理论的具体实践和发展生态文明的重要抓手，坚持制度创新、机制创新、体制创新"三创新"为根本，不断在激发林长活力上下功夫，积极探索改革创新模式。开展林长制创新机制调研工作，为全省深化新一轮林长制改革创新工作奠定基础。

受广东省林业局委托，广州绿粤科创林业有限公司组织广东省林业科学研究院、广东省岭南院勘察设计有限公司技术人员，通过现场专题调研、访谈、收集资料、整理相关文件等方式，根据广东省全面推行林长制实施情况和林业工作的重点难点问题，梳理各地创新林长制工作机制协同治理成效的相关资料，编写此研究报告。

一、国家及各省份林长制创新机制实施情况

各地林长制改革创新互相借鉴学习、不断扩大推开。围绕保护发展森林等资源核心，建立了从上到下、由党政主要领导担任（总）林长的组织体系，构建了保障林长制持续规范运行的制度体系。通过实施林长制改革，各地以最严格的制度、最严密的法治，实现了山有人管、林有人造、树有人护、责有人担，从根本上解决了保护发展森林等资源力度不够、责任不实等问题，初步形成了上有书记省长整体谋划、下有基层林长护林员责任到人的良好局面，初步实现了国家得生态、群众得实惠的双赢目标。

（一）国家层面

2022年7月13日，国家林业和草原局林长制工作领导小组在全面建立林长制新闻发布会

上提出，全国全面建立林长制的目标已如期实现。各省（含自治区、直辖市、新疆生产建设兵团）聚焦森林、草原资源保护发展重点，系统谋划、精准发力，推进林长制改革，基本建立上下衔接、职责明确的组织体系和责任体系，逐步形成保障有力、运行有效的制度体系，推动全国林长制工作步入有效运行、系统深化阶段。

通过制度创新，实现林草事业高质量发展是推行林长制的核心内容。林长制改革关键是发挥制度优势，目前，制度体系基本建立，长效机制落地生根，各省均根据各自实际情况，出台林长会议、信息公开、部门协作、工作督查等四项基本制度，创新建立总林长令、林长巡林、"林长+"工作机制。国家林业和草原局将加强顶层设计，指导各地坚持问题导向，因地制宜加强政策供给，解决区域的重点难点。

2022年10月8日发布实施的团体标准《林长制绩效评估技术规程》（T/CSF 005—2022），将"林长制体制机制创新"纳入评估内容当中，作为林长制绩效评估的重要参考依据。并将"市、县（市、区）设立林长制工作机制运行及创新情况"纳入评估指标体系中，作为林长制组织实施情况的具体指标内容。

（二）安徽省

2017年3月，安徽省在全国率先探索实施林长制改革，建立省、市、县、乡、村五级林长责任制体系，在"林"上精准发力，在"长"上履职尽责，在"制"上探索创新，形成了一套富有安徽特色的改革推进和保障体系，成为各地学习的样本。2021年，出台《关于深化新一轮林长制改革的实施意见》，启动深化新一轮林长制改革。创新推出全国首个省级"林长+检察长"协作机制、全面施行森林警长制等制度，强化森林执法部门协作，均产生全国性影响。2021年5月，颁布全国首部省级林长制法规《安徽省林长制条例》，将林长组织体系、工作制度、支撑保障、考核追责等内容用法规形式予以固化，实现林长制从"探索建制"到"法定成型"的飞跃，标志安徽林长制工作步入法制化轨道。

安徽省马鞍山市与江苏省南京市携手探索体制机制创新，推进林长制改革提质增效。创新"模式"，建立联防联控机制，积极探索长江流域林业管理统一规划、同步改造、共同管护的新模式；创新"行动"，建立联动执法机制；创新"制度"，建立会商交流机制；创新"方法"，建立信息共享机制。

（三）山东省

山东省将全省森林资源全部纳入林长制管护网格，省市县分级确定重点区域。济南市8270名各级林长划片分工，2326名护林员、1641名森林消防员在岗在位，突出66个重点街镇。各市县积极探索创新，优化林业治理体系。东营市设立总森林湿地长，明确市级林长牵头负责黄河区域内重要湿地保护。临沂市组建优良乡土树种选育推广、困难立地生态修复等5支林长科技创新团队，评选创建了66处林长科技创新示范园区，积极构建"林长制+科技创新"融合发展体系。

（四）重庆市

重庆市围绕"林长"抓改革，聚焦"山上"抓提升，紧扣"基层"抓落实，初步建立起林长制责任体系、生态建设发展机制、生态破坏问题发现机制、突出问题整治机制、工作考核评价机制和发展规划引领的"5+1"治理机制。重庆市探索"林长+"新机制，"五长"联动共谱护林治山"协奏曲"。"林长""河长"联动，协力推动山水同治；"林长""警长"'检察长"协作，护佑每一片山林；探索"林长+云长"一体化，"智慧林长"精准巡山护林。

璧山区、巫山县、重庆高新区探索组建林业综合行政执法队伍，下沉执法人员至镇街、村居、山头。试点区县积极探索生态价值实现方式，发展特色经果林、林下经济和森林旅游等绿色产业，促进山林资源增值。石柱县发展"森林人家"130余家，2020年森林旅游接待游客700余万人次，旅游综合收入近34亿元。重庆还运用大数据、云计算、智能化等手段，推行"智慧林长"App，提高山林资源监管效能。

（五）贵州省

2020年，贵州省全面推行林长制改革，建立省、市（州）、县（市、区）、乡（镇）、村（社区）五级林长体系，落实森林资源保护发展目标责任制。全省通过不断创新林业发展新格局、林业发展新机制、森林资源管理方式，推动林长制实现林长治。

在实施林长制改革过程中，贵州省以责任区域为依托，抓好森林资源保护管理；以优化结构为抓手，推进森林扩面提质增效；以科学管理为支撑，建设森林资源监管体系；以林业产业为载体，实现森林资源永续利用。建立了省、市、县、乡四级林长联席会议制度，负责研究解决森林保护发展中的重大问题，制定林业改革发展重大决策，搭建起部门联动平台，明确定期开展五级林长植树活动、各级林长"巡山护林"活动、设立林长制公示牌等新机制。明确建设智慧林长系统，构建贵州林业遥感数据应用平台，实现森林资源网格化管理。建立以森林、草原监管系统为主体的林草数据监管平台，结合卫星遥感影像、无人机技术，创新森林资源监督管理方式，实现全省森林资源动态监测管理。

二、广东省全面推行林长制工作情况

（一）进展情况

根据国家和广东省的要求及林长制工作任务，广东省全面推行林长制工作领导小组办公室印发《广东省全面推行林长制工作考核办法（试行）》。2022年主要从组织体系构建、制度体系建立、考核体系制定、林长履职情况、保障支撑措施和主要任务落实情况等几个方面，全面评估各地级市党委和政府落实全面推行林长制工作情况，为今后根据国家部署开展考核奠定基础。广东省林长制工作具体情况如下。

1. 基本建立五级林长体系

全省于2021年年底基本建立了省、市、县、镇、村五级林长体系，各级林长责任区域得到落实。省委、省政府办公厅印发的《关于全面推行林长制的实施意见》明确了第一总林长由省委主要负责同志担任，总林长由省政府主要负责同志担任，副总林长由8位省级负责同志担任。21个地级市均由党委主要负责同志担任第一林长，政府主要负责同志担任林长。截至2022年9月底，全省已设立各级林长97362名，聘用护林员36639名，落实监管员28059名，林长制机构设立19个。

2. 制度体系及考核体系逐步健全

地市级以上政府均出台了林长制实施方案，制定并印发了林长会议、信息公开、部门协作、工作督查、考核办法、林长巡查、省全面推行林长制工作领导小组工作规则等7项配套制度，21个地级市均根据相关要求出台林长制制度文件。成立广东省全面推行林长制工作领导小组，在省林业局设置办公室承担日常工作，组长、常务副组长分别由省委主要负责同志、省政府主要负责同志兼任，省政府办公厅、省委宣传部、财政厅等26个单位为成员单位。全省21个地级市，均成立了市全面推行林长制工作领导小组，并下设办公室或工作专班。

林长制工作强化了省域内各级政府、有关部门的沟通协调，广东省正在形成党政领导"双挂帅"，各部门共同参与的协作机制。为进一步提升部门协作效率，各地市因地制宜，创新"林长+"机制，已初步建立省级"林长+检察长+警长"机制。21个地级市均根据地区林长制实施情况，制定林长制考核办法，广州、佛山、中山等多个地市已制定2022年考核实施细则，其余地市也在紧锣密鼓地制定中。

3. 林长履职尽责及保障支撑到位

广东省林长制工作促进了各级林长履职尽责，强化了社会各界对森林资源保护发展的关注。全省各级林长会议举行614次，林长批示1547次，发布林长令184道，林长调研巡林912415次。以当地党委政府、领导小组或林长办名义召开的会议917场，参会人次达37144人，举办大小培训班546期，参与培训人员34342人，印发宣传资料356万余份，已建设林长制责任公示牌22963块。全省正通过推进智慧林长建设，加强林业信息的互通，进一步提升森林资源保护发展的管理水平，21个地级市均投入建设林长制信息化建设，广州、深圳、佛山等多个地市已进入试运行阶段。

4. 年度主要工作任务落实到位

林长制工作带动了广东省林业生态产业发展，践行了"绿水青山就是金山银山"的理念，增强了人民群众的幸福感。在2021年，全省进一步推进国土绿化、森林资源保护管理、野生动植物保护、自然保护地体系建设、森林灾害防控等工作任务的完成情况。重点生态工程造林任务完成率达99%，重点生态工程造林抚育任务完成率达96%，古树名木挂牌和补充调查（外业）完成率100%，2021年森林督查案件查处整改完成率近95%，设立野生动植物保护管理机构99个，招聘野生动植物保护专职人员308个，野生动植物保护联合执法521次，保护重点野生动植物物种589个，建立自然保护地管理机构426个，设立专职森林防火机构52个。

（二）主要特色

广东省全面推行林长制工作既精准把握中央文件精神，又深入挖掘广东特色。

1. 创新林长体系

在省市县镇村五级林长制体系的基础上设置"双总林长"：由省委主要领导担任省第一总林长和省全面推行林长制工作领导小组组长，省政府主要领导担任总林长和省全面推行林长制工作领导小组常务副组长。结合省域内地形地貌、主要山脉河流及生态系统完整性，划定鼎湖山、南岭、阴那山、罗浮山、莲花山、云开山等6个生态区域，作为省级林长的责任区域。

2. 强化宣传引导

通过梳理林长制有关政策文件、文献资料及案例，出版《林长制——五级林长管理实务》，为各级林长和相关人员实施林长制提供参考。首创广州增城区"产业林长"，并通过国内主流媒体专访报道。组织开展"广东省林长制标志设计""林长制·林长治"全媒体系列宣传活动，引导社会各界积极参与森林资源保护与发展。

3. 部署绿美广东大行动

为推动广东省林长制工作落实落细，促进林业高质量发展，建设美丽南粤。组织实施以重要生态区域建设、森林资源保护管理、碳中和林业、高品质森林生态产品供给、森林城市群品质提升、林业助力乡村振兴等6项行动计划为主的《绿美广东大行动实施方案》，进一步提高森林碳汇能力，增强高质量生态产品供给，助力乡村振兴，提升人民群众对美好生活的获得感。

三、广东省各地创新林长制工作机制协同治理成效

2019年以来，广东省加快全面推行林长制工作，各地因地制宜，强化部门联动、社会参与，探索建立"林长+检察长""林河联动""产业林长""森林警长"等工作机制，丰富创新了林长制实现形式，推动协同治理取得初步成效。

（一）多部门合力建立协作配合工作机制

广东省人民检察院、国家林业和草原局广州专员办、省公安厅和省林业局联合印发《关于建立协作配合工作机制的意见》（以下简称《意见》），明确提出成立协作工作领导小组，建立联席会议制度，建立日常信息互通机制，建立案件及线索相互移送、案件提前介入、证据收集协助配合和公益诉讼案件协作等办案协作机制，建立业务和人员交流合作机制等五项协作内容，以加强林业行政执法和刑事司法衔接工作，推动形成保护森林、草原资源的强大工作合力，促进森林、草原领域治理体系和治理能力现代化。

（二）各地结合实际创新实施"林长 +"机制

1. "林长 + 检察长"工作机制

5个地级市和24个县（市、区）建立"林长+检察长"协作机制（广州、河源、梅州、揭阳及湛江市和广州市从化区、韶关市乳源县、河源市源城区、和平县、龙川县、紫金县、连平县、梅州市梅江区、梅县区、兴宁市、平远县、蕉岭县、大埔县、丰顺县、五华县、江门市台山市、湛江市雷州市、经济技术开发区、茂名市电白区、信宜市、化州市、清远市英德市、清新区、潮州市潮安区），通过建立联席会议、信息共享、案件移送、服务保障、专项治理、联合督导等工作机制，充分发挥各自职能优势，共建共治绿美广东。

2. "林长 + 警长"工作机制

2个地级市和17个县（市、区）建立"林长+警长"工作机制（梅州、潮州市和广州市番禺区、海珠区、韶关市翁源县、梅州市梅江区、梅县区、兴宁市、平远县、蕉岭县、大埔县、丰顺县、五华县、惠州市惠东县、大亚湾区、仲恺区、汕尾市陆河县、茂名高州市、潮州湘桥区），有效推进日常联络机制、联席会议机制、信息共享机制、执法协作机制、行刑衔接机制、联合督办机制、问题会商机制，进一步加强两部门在打击涉林违法犯罪问题上的协作配合，实现行政和刑事案件的有效衔接，加大依法惩处涉林违法犯罪行为的力度，切实保障森林资源安全。

3. "林长 + 河长"工作机制

1个地级市和2个县（区）推行"林长+河长"工作机制（江门市和广州市增城区、韶关

市仁化县），建立共商、共建、共治、共享机制，强化协同联动，凝聚履职合力，建立起各司其职、各负其责、齐抓共管、运行高效的协作机制，将林长河长协同共治机制转化为治理效能，构建山水共治工作新格局。

4."林长+产业林长、企业林长"工作机制

3个县（区）实施"产业林长"工作机制（广州市增城区、梅州市平远县、潮州市湘桥区），惠州市惠城区首创"企业林长"机制，解决周边村民就业，在增加林农收入、发展林区经济收益、促进生态文明、促进林业发展、林业产业化、产业生态化方面起到重要作用。

还有部分地市结合本地实际，创新实施其他工作机制。如肇庆市和深圳市实施"两长三员"制度——公众林长、自然（森林）校长+基层监管员、护林员，广州市从化区实施"自然保护地林长"制度，广州市番禺区实施"高校林长"制度等。平远县、兴宁市、蕉岭县、丰顺县、五华县、化州市、高州市、和平县、龙川县、紫金县等10个县（市）设立了林长制事务中心，落实专门机构、专职人员承担林长制实施过程中具体工作。

四、广东省林长制创新机制存在的问题及实施建议

（一）存在的主要问题

广东省林长制工作虽稳步推进，取得了一定成效，但是在执行过程中也暴露了部分问题。

1.思想重视程度不够

各地市对林长制实施工作的重视程度存在差异，造成林长制实施进展不平衡，个别地市林长制相关工作较落后。

2.组织协调能力需强化

部分地区因机构改革缺乏基层林业部门，部门间沟通协作困难；部分地区林长制相关配套工作实施细则尚未出台，林长公示牌制作及更新不及时。

3.森林违法案件增多

机构改革后，森林执法缺失，违法案件增多，查处整改率低，档案材料不全，人员业务水平不高。

4.编制及专业技术人员不足

各地市虽已根据相关要求建立了林长制机制，但部分地市相关工作人员为其他部门抽调，专职人员较少，专业水平有限，影响工作进度。

5.建设经费不足

因资金紧张，部分地市林长制信息化建设、宣传推广及护林员补助等工作存在压力。

6.基层技术人员缺乏

基层林业部门存在人员年龄结构两极分化、技术人才匮乏的现象，这让基层林业部门难以做实做细林长制工作，也在一定程度上影响了林长制工作的快速、持续、健康、整体推进。

（二）实施建议

结合广东省林业重点工作及各地市林长制实施情况，采取查阅文献、咨询有关专家、

问卷调查、实地调研等方式，开展多角度、全方位调研，提出广东省林长制创新机制实施建议。

由于国家管理部门未拟定相关指导文件，建议在参考其他省份成熟经验的基础上，结合广东省林长制的实施现状，因地制宜，突出广东特色。紧扣"林"这个主题，紧盯"长"这个关键，紧抓"制"这个保障，紧贴"治"这个落点，聚焦基础性和具有较大牵引力的改革创新方式，带动多项制度变革，促进制度集成，提升系统治理效能。

实施建议主要聚焦"林长+"协作机制的创新和推广，打破以往森林资源保护发展工作主要依靠林业部门"单兵作战"的老传统，形成上下联动、部门协同、群策群力的良好局面。着重解决基层林长履职"最后一公里"问题尚未根本解决、地区林长制实施进展不平衡、部门间沟通协作困难、森林违法案件增多、林业经营主体融资难等问题，提出针对性解决措施，着重从以下五个方面取得创新性突破。

1. 全面建设法治林业，推进山河共治新格局

建立"林长、河长+法院院长、检察长、警长"的"五长"联动、部门协作、打防结合、处置高效、山河共治的生态环境保护发展新格局。加强林业执法、水政执法与司法衔接，以及强化与检察法律监督有效衔接，加强组织领导，健全完善制度。林业局、水利局和公安局要密切配合，严格执法，联手严厉打击涉林涉水违法犯罪活动，全面守护森林资源；法院提升执法能力水平，完善生态损害赔偿制度和生态公益诉讼制度，依法追究生态环境损害赔偿责任；检察院充分发挥法律监督职能，督促行政机关依法申请强制执行，促进行政处罚执行到位，涉林涉水生态环境损害得到及时修复。

积极探索"生态警务驿站""一林一警""一村一警"模式，定期对重点林区管理工作开展检查，构建责任明晰、协同高效、打防结合、治理有力的森林资源保护机制，形成齐抓共管的执法工作合力，实现协作办案、高效执法，严厉打击涉林资源违法犯罪，切实维护林区治安秩序。

2. 创新绿色金融，健全生态补偿机制

积极探索"林长+行长""林长+产业林长"机制。通过加强与省发改委、省财政厅、地市金融局、银行机构、民营企业衔接，促进产业链、资金链和政策链深度融合。启动林业碳汇权证质押贷款、林地预期收益质押贷款、生态公益林补助抵押贷款等林业金融产品开发工作，探索"林权抵押+政府基金+森林保险"贷款模式，撬动社会资本，推进林权收储担保、公益林补偿收益权质押贷款，支持林业实体经济发展，激发林业发展活力。利用优厚的林业政策、丰富林地资源和区位优势，开展林业"双招双引"，探索"净林地"招商，吸引知名林企投资，打造承接林业产业转移"示范圈"，引进林业企业落户，支持引导符合条件的林业企业上市挂牌，做大产业集群。

林业部门协同乡村振兴、农业农村等部门开展"一村万树"公益碳汇林和高标准农田林网建设。建立"林长+项目群"模式，投资打造林旅融合示范点、绿色示范村、森林人家等生态林旅融合项目。建立林业碳汇计量监测体系、林业碳汇基金和碳汇交易项目储备库，加快推进生态补偿市场化。

完善森林生态效益补偿机制，将林业绿色产业、绿色长廊建设等纳入财政奖补范畴。探索多样化有效补偿方式，在人才支持、产业扶助、技术援助等补偿方面予以重视，积极调动社会广大人士参与生态环境保护，鼓励社会资本投入林业领域。对于违法案件主体的处罚行为，鼓励引导通过赎买生态修复、生态效益补偿的形式，灵活解决生态补偿问题，多形式并举最大限度地开展森林生态效益补偿。

3. 建立区域协作机制，推动跨区域生态廊道共建

创新"模式"，建立联防联控机制，林业管理统一规划、同步改造、共同管护，并按照属地原则分别承担本区域林业基础设施建设工作，开展管理范围内涉林违法问题整治；创新"行动"，建立联动执法机制，完善联合执法互督互学长效机制，推进跨区域生态保护执法司法协作；创新"制度"，建立会商交流机制，建立两地跨界联防联控联席会议制度，根据工作需要适时召开市级联合会商会议，交流林长制工作开展经验，研究解决具体困难和问题，达到工作成效最大化；创新"方法"，建立信息共享机制，区域间可共同探索建立森林防火、病虫害防治、森林资源管理、技术人员交流、重大课题或科研成果等方面的信息交流与共享机制。促进建设沿线森林城市、森林城镇、森林村庄和森林长廊等跨区域生态廊道。

4. 推进科技创新，搭建智能管理系统

通过"揭榜挂帅"方式，提升林业病虫害预防与控制重点实验室研究水平，开展山水林田湖草沙系统治理战略研究与林长制改革综合效益研究。做实林长制科技服务平台，鼓励林业技术人员推广实用技术，推动建设国家林业产业示范园，通过科技服务林业产业，科技转化为生产力，实现产业建设、林农增收、科技服务三赢。

探索"林长+云长"一体化，"智慧林长"精准巡山护林。在"云长"统筹协调下，综合运用大数据等新技术，打通森林防火、林业资源调查、林业有害生物监测（防治）、自然保护地管理、智能巡护管理系统等林业系统的数据壁垒，实现信息迁移整合。建立"智慧林长"综合管理平台，让森林管护更轻松、更精准。开通全民义务植树网，推广"云端植树""码上尽责"，实现义务植树线上线下融合发展。

5. 完善基层林长责任体系，创建民间监管体系

完善基层单位"一长三员"（林长+技术指导员+专职护林员+执法监管员）协作机制。由基层党委书记担任林长，同时，委派林业技术员负责指导村森林资源保护、林业产业发展、林业资源培育，专职护林员负责常态化巡护，由基层综治委员担任执法监管员，负责涉林矛盾纠纷调处和涉林违法案件监管。鼓励地方根据实际情况，增加诸如自然（森林）校长、公众林长等独特责任主体。

发动离退休干部、"两代表一委员"、林业服务对象以及媒体记者担任"社会监督员"开展动态监督。积极探索诸如"林长+村民小组长""民间林长"等"林长+"模式，形成"林长+监督网"的创新监管机制，充分调动社会力量参与林长制工作。

江 西

围绕贯彻落实中共中央办公厅、国务院办公厅印发的《关于全面推行林长制的意见》和学习了解江西林长制发展的先进经验，国家林业和草原局发展研究中心于2023年7月前往江西赣州市崇义县、兴国县，吉安市遂川县和九江市武宁县，开展了为期6天的专题调研，结合实地调研一手资料，总结了崇义县、兴国县、遂川县和武宁县在推深做实林长制的主要做法、经验，针对调研中发现的问题和政策诉求，提出了对现有林长制不足的完善以及未来林长制发展的相关政策建议。

一、主要做法

赣州市崇义县、兴国县、吉安市遂川县和九江市武宁县（以下简称四地）都是全国南方集体林区重点林业县，也是深入推行林长制的重点县区，林地面积分别为269万亩、341万亩、467万亩和418万亩，占辖域总面积分别为89%、75%、83%和79%，森林覆盖率高达88%、75%、79%和77%。

自2018年7月江西省委、省政府印发《关于全面推行林长制的意见》，在全省全面推行林长制以来，四地通过构建完善的林长组织、制度保障、智慧管理等体系，建立健全林长巡林、部门协作等工作体制，确立林长制"三保、三增、三防"目标任务（保森林覆盖率稳定、保林地面积稳定、保林区秩序稳定；增森林蓄积量、增森林面积、增林业效益；防森林火灾、防林业有害生物、防破坏森林资源行为），组建县级林业资源网格化管理责任模式。林长制工作不断推深做实，积极探索林长制未来发展方向，为全国推行林长制积累了大量经验。

（一）党政同责，分级负责

建立健全以党政领导同志负责制为核心的森林资源管理体系，实行党政主要领导同志总负责，同级领导同志分区负责，部门各负其责，逐级明确职责，层层压实责任。崇义县建立以县委、县政府主要领导为总林长、副总林长，县四套班子领导、乡（镇）党政主要领导及班子成员、村支部书记、村委、村小组长共同参与的县、乡、村、组四级林长组织体系，建立了由检察院、法院、公安局等17个县直单位组成的"林长制"部门协作机制，形成在总林长领导下的部门协同、齐抓共管工作格局，其中县级林长6人、乡级林长163人、村级林长512名、组级林长1511名。武宁县建立县、乡、村三级书记任林长的林长制组织体系和"一长两员"源头管理体系，压实"一长两员"责任，聘用专职护林员200人，监管员208人，进一步提升森林资源保护的工作力度和管理水平，实现了579名"林长"对418万亩林地的分级管理全覆盖。

（二）保护优先，合理利用

加强森林资源保护与生态保护红线管控，实行最严格的森林资源保护管理制度，提升森林资源质量，坚持绿色发展，推进林业产业结构调整，科学利用森林资源，充分发挥森林的生态、经济和社会效益。兴国县在保护森林资源的基础上，大力发展林产经济，增加森林资源经济效益。首先，发展林下种植，开辟林下种植试点10万亩，年产值1亿元，新造高产油茶13万亩，改造低产油茶林35万亩。其次，在全县推广林禽、林畜养殖面积17000余亩，年产值1亿元以上。最后，借助森林旅游业，充分利用全县森林公园、地质公园和湿地公园等森林景观，年接待游客超过100万人次。武宁县自2017年开始探索建立林长制以来，林地面积增加13万亩达到418万亩，森林覆盖率增加3.86%达到75.96%，森林蓄积量增加302万立方米达到1756万立方米。其加快生态价值转化，坚持"点绿成金"的理念，选用以绿色光电作为首位产业的"1+3+2"六大生态工业体系，大力发展全域旅游、生态农业，把生态做成产业、把产业做成生态。全面做活森林旅游经济，推动"林业+旅游""林业+康养"等产业深度融合，打造了一批特色"林宿"，涌现出一批"林旅"，融合美丽示范乡村成为网红打卡地，带动农村人口就业3.2万人，年人均增收8000元。

（三）创新探索，精准施策

尊重自然和科学规律，根据不同地方林业发展现状，各地积极创新探索林长制的发展，因林施策，规范管理，推进森林资源持续、健康、稳定发展。赣州市探索创建林长制示范基地，充分发挥林长的"推手"作用，每年建设一批林长制示范基地，由林长挂点基地，具体推进、定期调度、验收成果。同时，开展林长制重点管理乡镇综合评价工作机制，对林长制履职不到位或工作进度滞后的，进行约谈提醒。吉安市进行林长制标准化工作探索，出台《吉安市林长制工作规范》，在全国首次进行林长制标准化工作的探索，提升了林长制工作水平。而林长制标准化管理体系建设界定了各级林长、协作单位、林长办以及基层监管员和专职护林员的职责，明确各级单位和人员的责任，对林长组织、源头管理、制度保障、目标考核、智慧管理五大体系的建设和管理进行规范，规定了总林长发令、林长巡林、部门协作、督察督办、林长对接"五项机制"的落实要求，在全省各市起到了示范引领作用。九江市探索完善林长制责任落实机制，在全国探索出台《林长制责任追究办法（试行）》，坚持依法依规、党政同责、一岗双责、终身追究的原则，打造出上下贯通、层层负责、有效追责的责任链条，为推进林长制工作落实落地提供了有力的"制度武器"，真正实现林长制不是"冠名制"，而是"责任田"。其试行一年来，已实施问责3例，追责县级林长2人，林长制责任人员136人。

（四）依法治林，完善机制

规范林业执法行为，提升林业执法能力，严格依法治林管林，严厉打击各种破坏森林资源的违法犯罪行为，建立健全森林资源保护管理的长效机制，维护林区安全稳定。兴国县充分发挥县林长办牵头抓总作用，深化"林长+三长"协作机制，县林业局与检察院、法院、公安局定期召开联席会议，对森林资源管护有关案件进行沟通协调、分析总结，实现部门信息共享，并建立林业行政案件强制执行绿色通道，打通林业行政案件执法"最后一公里"。在此机制下，2022年，兴国县公安局立案办理刑事案件4起，县检察院办结生态环境损失案件19起，实施违法占用林地生态复绿136亩，林业执法创新机制在多家国家级媒体上报道。武宁县创新林业执法模式，一是制定出台了《武宁县"林长+基层林业"联管共治改革实施方案》，通过在县级实行林业执法"一兼二"领导体制，由县公安局森林分局局长兼任县林业局党组成员、副局长，破除林业部门与公安部门林业执法"两张皮、两条线"问题；在片区实行林业管理"一联五"协防机制，破解跨乡镇林业执法、纠纷调处的协调、议事难题；在乡镇实行林业工作"一带三"队伍模式，高标准建设乡镇林业工作站，明确林业专职人员，强化考核保障，有效解决基层林业管理力量不足的问题。二是在全省率先建立了以生态环境审判庭和林业监察室为主体的司法保障体系，开展环境资源案件生态修复判决试点，创新"林长+检察长""林长+警员"协调机制，推进盗伐滥伐林木、乱捕滥猎野生动物等森林资源保护专项整治工作，形成政府主导、部门联动、全民参与的林业资源管护新机制。森林违法案件从2017年的98件降至2022年的28件，有效遏制森林违法问题发生。三是坚持"以防为主，科学防控"方针，建立了智慧林长管理平台和九江市智慧林长空天地综合监管平台，专职护林员全部纳入"赣林通 App"管理系统，配备了5G巡护手持终端296部，无人机48架，在全县重点生态功能区安装森林资源视频监控点90个，构建了"空天地"一体化监管体系，做到"源头有人巡、后台有人盯、问题有人查"，实现森林资源实时监控全覆盖。

二、存在的主要问题

（一）林长制组织管理机制有待健全

管理机制不够健全，一是现行的林长制主要以林业部门为主，单一部门为主体职能单调乏味，缺乏震慑力；二是在推进过程中的形式化等不良倾向仍然突出，需要进一步完善责任体系；三是县级出台的林长制文件、信息相关配套制度（暂行）需进一步细化完善。

（二）林长制配套政策有待完善

四地配套政策跟不上林长制实际工作开展的速度。一是生态补偿机制尚不完善，国家生态补偿、省级生态补偿标准较低，享受生态红利和产品的经营主体、企业反哺生态的补偿机制也未建立；二是林长制考核奖罚机制缺乏；三是政府出台的惠林政策不多，引导不够，市场主体活力不足，对社会主体参与林业建设工程的补助标准低；四是林业投融资难的问题尚未有效破解。

（三）林长制保障措施有待加强

县财政对林长制推行资金投入不多，林长制工作经费及相关工程经费未纳入财政预算。一是林业执法设备不完善。四地在森林公安转隶后，现执法人员缺乏专业的执法设备，如兴国县暂时未有统一的执法服装、缺乏专用执法车辆以及执法记录仪等装备，不利于提高林业行政执法形象和涉林违法行为的震慑力，降低林业执法效率。二是基础设施尚不完备。崇义县素有"九分山半分田，半分道路、水面和庄园"之称，林场大都在偏僻山区、交通不便，造林大户在林道建设、蓄水池建设等方面需要投入大量资金和精力，影响参与林业发展的积极性。三是林长制专项资金不到位。开展林长制，需要在县里建立完备的组织体系，培训各级林长需要花费大量的资金投入，林长巡林、护林员巡林缺乏专项资金补助，缺乏宣传林长制所需要的宣传资金等费用的投入。

（四）传统林业经济增长缓慢

木材行情下跌导致传统林业企业经营困难。我国木材市场连年表现低迷的趋势，遂川县的木材价格从2019年的1000多元/立方米下降到2023年的700多元/立方米，遂川国有林场改革后，林场员工的工资发放主要依靠自筹资金，林场主要收入来源为木材销售，木材价格的低迷导致遂川国有林场的收入不断降低，难以负担林场员工的工资支出。木材价格的一路下跌，究其原因有以下几个方面：我国经济增速放慢导致木材市场疲软、森林资源不断恶化提供经济收入的原材料急剧下降、国内木材生产数量增加而产品品质水平低导致缺乏竞争力、民众环保意识的增强导致公众对木材的需求降低、国外普遍采取贸易保护主义措施削弱了国内木材市场竞争力。

（五）林业执法方面有待提高

四地在事业单位机构改革后，执法力量削弱，基层执法难度不断加大。一是森林公安转隶到公安部门后，林业部门缺乏专业的林业执法人员，部分县由于人员编制、资金匮乏等原因，现存的林业执法人数难以保障整个县级林业执法的要求，且办结执法案件的时间延长（原林业执法森林公安可以直接依据相关法律直接出具处罚书，现林业执法查处违法事件后，还需执法人员报警且由于公安部门缺乏对林业相关知识的储备导致调查取证难，延长了案件办结时间）。二是乡镇林业站下放并被撤销划归乡镇管理，由于乡镇工作任务繁重，林业工作站人员转隶到乡镇后未从事林业工作，且乡镇对森林资源保护管理未有效统筹兼顾，把林业工作的中心基本上放在了森林防火和松材线虫病疫木清理上，大部分乡镇都未开展实质性林政执法活动，导致乡镇乱砍滥伐、违法占用林地现象较为普遍。武宁县将林权纠纷带编由县林业局划归到自然资源局，由于新老人员的交替变动、自然资源与林业部门矢量图的不同导致林权纠纷调处工作难度增大、时间变长。三是县政府没有引导经济发展与资源开发之间的平衡。平衡经济与可持续发展之间的矛盾是林业行政主体的职责。实质上来看，商品经济的发展和森林资源保护是相互矛盾的，要想平衡经济与生态，需要科学理论的指导以及先进的管理经验，还要有专业的仪器检测，只有明确细化各方的责任，制定平衡的标准，才能够降低对经济利益的追求而造成对林业资源的破坏性。

三、推深做实林长制和创新林长制发展方向的意见建议

全面推行林长制，是中国共产党不懈探索生态文明建设的理论升华，是统筹山水林田湖草沙综合治理的重大举措，是深入贯彻落实习近平生态文明思想的具体实践。加强顶层设计，找准具体抓手，建设美丽中国。

（一）完善组织管理机制，使林长制运行更"顺"

林长制的运行需要自然资源局、农业农村局、生态环境局、财政局、发改委等多个部门形成合力，多重职能赋能林长制。各级党委组织部门在年初制定考核工作方案时，建立林长制工作考核指标体系，考核结果作为党政领导班子综合考核评价和干部选拔任用的重要依据。纪检监察部门负责建立林长制日常工作情况责任追究办法，责成限期整改，实行生态环境损害责任终身追究制，对因失职渎职造成生态环境损害的，严格按照相关规定追究责任。建立考核评价指标体系和激励问责制度，实现林长制的目标精确化、措施精细化、监管精准化。

（二）完善配套政策机制，使林长制运行更"强"

积极建立各级林长制会议、工作督查督办、信息通报、考核等制度，明确总林长负总责、林长分级负责、林长办负责日常工作的运行机制，党委政府牵头主抓、林业部门统筹推进、成员单位分工协作、全社会广泛参与的工作机制，凝聚各方形成合力。探索林长制立法，以法律的形式严格生态保护，形成长效机制。深化国有林场改革和集体林权制度改革，解决林地流转、林木采伐、造林抚育补贴、林业融资等制约林业生产经营的各种困难，推动适度规模经营，发展壮大新型林业经营主体，建立产前、产中、产后技术服务和推广网络，盘活林业资源。

（三）完善保障措施机制，使林长制运行更"长"

把林长制工作经费和林业发展投入纳入财政预算，加大资金投入，不断完善公共财政支持林业的长效机制，同时，要充分发挥财政对社会资金的引导带动作用，鼓励金融机构、外资项目等积极投入森林资源保护发展。强化队伍保障，加强工作机构建设，稳定各级林长制办公室工作机构，充实壮大专业技术人员和护林员队伍。强化科技保障，完善林业科技服务推广体系，加大与高校和科研院所开展产学研合作，大力发展智慧林业，不断提高林业智能化建设水平。

（四）创新林业经济模式，使林长制运行更"灵"

把林长制与乡村振兴相结合，深化改革、加大经营、发展产业、改善民生，真正让绿水青山变成金山银山。深入推进集体林改，要聚焦有权难行使、有证难抵押、有地难流转等问题，继续深化集体林地"三权分置"和"三变"改革，进一步放活集体林经营权，规范引导林地流转，推动适度规模经营，培育发展评估、担保、收储等社会化服务机构，扩大林业抵押和交易规模，促进林业增效、农民增收。发展新型业态，依托优质森林资源，充分发挥林业龙头企业和专业合作组织的带动作用，发展观光林业、健康养生等新兴业态，提供更多的优质生态产品。加强政策扶持，推进产业融合，加快发展特色经济林、木本油料、苗木花卉、林下经济等现代高效林业，推进林业一、二、三产业融合发展，打造地理标志产品等品牌链条，拓展电商销售渠道。

（五）加强林业执法方面，使林长制运行更"牛"

一是建议在林业大县恢复原有的乡村林业站，使其可从乡镇层级发挥森林资源保护管理的作用；二是投入经费培训专业的林业执法大队，配齐执法装备，使其成为林业执法的尖刀力量；三是建议林权调处办公室再划归回林业部门，使其利用林业部门人员专业的林业技术来解决林权纠纷问题，加快林权调处纠纷办理的效率；四是政府要加强引导民众了解经济发展与资源开发之间的矛盾，使其真正了解"绿水青山就是金山银山"。

推动

社会资本和金融资本"进山入林",打通"资源—资产—资本"转化通道

浙江、安徽

为打通社会资本和金融资本"进山入林"通道，增强集体林区发展活力，5月11日以来，国家林业和草原局、北京大学组成联合调研组采取实地调研、面上调研等方式，对浙江省丽水市景宁畲族自治县、龙泉市和安徽省宣城市宁国市、黄山市歙县开展专题调研。调研过程中，与企业代表和村组干部、林农代表进行调查和访谈，并听取了省、市、县三级林草部门以及地方发改委、财政、农业等部门的汇报，详细了解金融及社会资本促进林业发展的情况、存在的难点和政策诉求。

一、基本情况

金融资本和社会资本在促进集体林区高质量发展和提升规模经营水平上发挥了重要作用，但也面临着不少的困难和问题。此次调研地点是浙江省丽水市景宁畲族自治县、龙泉市（以下简称浙江两地）和安徽省宣城市宁国市、黄山市歙县（以下简称安徽两地），森林资源均十分丰富，是典型的南方集体林区大县。其中，丽水市和宣城市分别是全国林业改革发展推动林区共同富裕试点市、全国林业改革发展综合试点市。调研发现，这些地区围绕森林资源盘活变现，不断深化集体林改创新，引导社会资本和金融资本注入林业产业，形成了良好的发展态势。

（一）林业规模经营格局已初步形成

浙江两地的社会资本主要特征为经营规模相对较大，产业链条也较完整。龙泉市新型林业经营主体达到1378家，经营面积合计147万余亩，占市林地面积约37%。其中，加工企业600余家，规模以上企业36家。景宁立勤香榧产业园有限公司流转东坑白鹤村林地6000多亩，种植香榧18万株，香榧基地建设采取"公司+村"的合作模式，村企共建，村企共富，公司已经成为浙江省林业龙头企业。安徽两地社会资本以中小规模为主，如宁国市全市林业规模经营主体876个，经营面积约58万亩，林业企业89个、农民专业合作社66个、家庭林场536家、林业专业大户185家，平均投入资金在10万~20万元，经营范围以木质资源为主，非木质资源为辅。

（二）金融资本"进山入林"趋于稳定

2020—2022年，浙江两地林权抵押贷款分别维持在6亿元左右和10亿元左右，不良贷款率均未超过0.3%，其中龙泉市78%农户获得过林权抵押贷款，户均贷款8万元；2020—2022年，宣城两地林权抵押贷款余额相对较低，维持在0.8亿元左右和0.4亿元左右，不良贷款率较高，均超过了25%。

二、经验和做法

调研中，各地不断探索深化集体林改举措，创新形成了一批典型经验和做法。

（一）创新机制保障社会资本的林地经营权益

为了解决林权"小、散、乱"制约森林资源集约利用和林业产业高效发展的瓶颈，浙江两地创新林地经营权流转证制度，鼓励林权流转规模经营。龙泉市于2013年率先出台并实施《林地经营权流转证管理办法（试行）》，总计发放林地经营权流转证449本，面积达7万余亩，保障社会资本实现林权抵押、林木采伐和其他行政审批等事项的权益。

（二）试点推行托管经营和"净林地"经营

安徽省宁国市在推行家庭经营、合作社经营、股份制经营的基础上，重点推行托管经营，创新推出"净林地"经营。在山核桃、毛竹主产区，推行以村组为单位的山场置换，采用成片托管、交互托管、零星赎买、等价交换、差价交换等多种形式，达到减少地块、整合连片的目的，实现了"小山变大山"。宁国市港口镇西村试点"净林地"经营，将全村近万亩竹林整村流转到村集体经济组织名下，投入一定资金开展基础设施建设后，引进社会资本整体开发。

（三）多途径提升林业融资能力

浙江两地鼓励金融机构创新形成了林权直接抵押贷款、林地经营权流转证质押贷款、林业碳汇收益权质押贷款、林下经济预期收益贷款等多种贷款模式，主要服务于中小经营主体。景宁县和龙泉市政府部门不断完善体制机制，推进涉农金融机构开展林权抵押贷款业务，提升信贷政策扶持力度。龙泉市自2013年起，通过市、县财政对林权抵押贷款上年余额部分分别按0.7‰和2.5‰的比例对金融机构进行奖励，当年新增部分按照2‰和5‰的比例进行奖励。景宁县人民银行将林权抵押贷款列入金融支农的中心工作，纳入全县金融机构的年度考评内容。

（四）数字化场景应用提升资源配置效率

龙泉市依托公益林落界工作的数字化改革为基础，先后建成林权、采伐等14个林业信息管理系统及数据库，为"益林共富"多跨场景应用打下了坚实基础。后续，"益林共富"多跨场景应用联动17个部门，集成98项业务数据，增加商品供求、政策补助、许可办理、经营流转、林权抵质押贷款和碳汇贷等模块，进一步提升林农林企获得感，形成林业特色的数字服务平台。

三、存在的问题

(一) 林地经营权运转机制不畅

一是林权类不动产登记工作推进慢。当前,林权不动产登记主要问题可以分为因林地类型变更未登记造成存量数据与权籍调查数据不一致、林地权属边界矢量落户难、集体林地地役权登记缺乏法律依据等问题。截至目前,龙泉市林地不动产登记面积24.58万亩,仅占全市林地面积6.24%;二是林地流转交易成本高,林权细碎化导致部分林权缺乏矢量落界,加之缺乏有效的交易平台,流转信息不畅通,林木资产评估、碳汇评估体系缺失,林地评估成本高,难以大规模流转;三是林木资产处置权未得到有效落实。以浙江龙泉市和安徽宁国市为例,龙泉市2020—2022年年均采伐限额利用率为27.46%,宁国市2020—2022年商品林年均采伐限额利用率仅为20%左右。商品林经营者没有合理的处置权,不能如期取得预期收益,导致农户、企业经营者参与林权流转发展林业产业的意愿不高。

(二) 社会资本"进山入林"缺乏有效政策激励

当前社会资本"进山入林"的相关政策激励正逐步取消或难以覆盖,导致缺少推动社会资本从事长周期、高投入的林业一、二产业的外部动力,社会资本倾向流入资产轻、周期短、见效快的第三产业。一是林权抵押贷款贴息政策取消。地方部门反映,2020年起,取消了林产品加工企业的林权抵押贷款贴息政策,2022年用于林业生产的贴息政策也全部取消。二是社会资本"进山入林"政策扶持力度不高。主要表现在农业类政策和资金扶持对林业社会主体辐射不足。例如,浙江省在经营主体方面,家庭农场注册、创建均有奖励政策,家庭林场未享受到政策补助。农业生产、加工销售全产业链实行奖补,农业基地设施建设补助最高70%,初加工、包装、仓储服务型企业可给予设施70%的补助,加工设备给予50%的补助,而林业经营主体未享受这些优惠政策。三是林业生产设施落后,林区道路、水、电、仓储等基础设施不配套,竹林采伐山下初加工仓储等林业生产设施用地审批难、管控严,林业产业发展受限,社会资本开发意愿低。四是林权抵押贷款与林业产业发展匹配性不高,社会资本面临流动性压力。现有林权抵押贷款周期大多为1年及以下,难以满足发展所需。龙泉市2020年贷款余额11.2亿元,其中1年以内短期贷款占比79.24%,2021年和2022年1年以内短期贷款占比分别为73.89%和74.24%。景宁立勤香榧产业园公司已经利用自有资金累计投入7000多万元建设香榧基地,2022年之前一直难以通过林权抵押获得贷款,2022年经评估后以短期流动资金贷款方式,获得林地经营权贷款1800万元,贷款期限只有1年,远低于实际贷款预期。

(三) 金融机构对投资林业存在顾虑

地方金融机构反映,森林价值专业评估难,抵押的林权处置变现难,金融机构对拓展林权抵押贷款存在一定顾虑,金融支持林业还存在堵点、难点和痛点。因受资产评估风险、监管风险、处置风险等因素影响,现有林权抵押贷款产品多是集中在30万元以下的中短期贷款,贷款周期1~3年。而林业生产周期长,相对效益低,贷款期限匹配存在一定问题,"以林还贷""以贷养林"的长效机制还远未形成。另外,安徽地方部门反映,林权抵押不良贷款资产处置缺少可操作性的指导意见,操作层面缺乏便捷的处置变现措施,需要依靠国有林权收储机构收储兜底，收储能力有限、处置困难等易造成地方隐性债务。

四、思考建议

集体林是维护生态安全的重要基础，更是实现乡村振兴的重要资源。集体林业高质量发展，既需要激发内生发展的动力，也需要相对稳定和宽松的外部环境。当前，大多数农户对森林经营的热情很高，但森林经营收益周期长，尤其一些附加值较高的产业（如香榧、石斛等）亩均投入高、专业技术要求高，农户单家独户难以经营，亟须鼓励社会资本"进山入林"开展适度规模经营，发挥产业潜能和科技创新效能，延伸产业链、提升价值链，带动农户共同致富。为此，提出以下几点建议。

（一）释放产权制度改革红利，激发社会资本内生发展动力

推动商品林处置权改革，加快推进基于森林经营方案的商品林采伐试点，从数量管控到强化监管服务，将林木处置权交给经营主体；降低林地流转交易成本，建立林地流转数字化管理网络体系以及中介服务组织，规范林地流转交易流程，加强流入方和流出方信息对称。建立区域林权流转交易指导价格，避免因价格过低导致农户权益受损。支持以林地经营权入股参与股份制合作，不改变林地性质和用途，并依法登记颁证。通过林地经营权评估作价、限定最短入股期限、允许调换地块等方式，稳定公司、大户、合作社等对土地经营的预期。

（二）优化林业产业组织结构，加快资源配置和规模经营

产业兴旺才能盘活集体林区庞大的生态资源，带动生态产品价值转化和林区农民致富增收。集体林要坚持积极的保护理念，摒弃唯保护、恐破坏、不发展的思想，加快林业一、二、三产业均衡发展，提升林业一产发展地位，突出特色提升一产发展，优化结构做强二产深加工，发展三产带动消费市场。一是借鉴浙江农业标准地改革，试点林业一产特色复合经营标准地建设，设置主体标准、投入产出标准、产业标准等，加快经营权流转，提升生产效率和效益，可与标准地配套安排一定比例的设施用地或建设用地。二是瞄准精深加工，做强做大二产。重点支持一批龙头企业从事林产品精深加工，延伸产业链和价值链，更好发挥示范引领、产品辐射、技术规范、营销网络等作用，带动更多中小企业、新型经营主体和农户发展致富。三是突出三产的带动消费市场能力。森林旅游、电商服务等是林业新兴产业，其价值不仅限于提供生态服务，也是拉动一、二产产品消费的重要渠道，应与一、二产更加深度融合发展。

（三）增强财政政策、金融支持等双向"输血"能力，提升社会资本"进山入林"的"造血"功能

财政政策、金融政策是社会资本"进山入林"不可或缺的推动剂，通过政策帮扶和资金保障，才能稳定社会资本长期经营林业的信心，发挥其规模经营的潜力和示范效应。

一是建立更为积极、有效的林业财政政策体系。当前，中央林业财政政策集中于生态效益补偿，且补偿标准较低，相比农业没有有效覆盖集体林区产业发展各个环节，形成生态补偿与产业发展互补的财政政策。要加大提升林业产业发展的政策支持力度，重点对经营主体培育、产业园区建设、国储林建设等方面设立财政贴息、政府产业基金、担保风险补偿等优惠政策，扩大林业设施用地审批使用范围，通过适度保障林业设施用地，为社会资本"上山

入林"发展创造良好条件。

二是建立符合规模经营的林业金融贷款体系。加快林权抵押贷款与农村信用贷款协同创新，针对不同规模的经营主体，设计梯度清晰、目标明确的金融产品，加快推进森林资产评估专业化机构建设，着力推动符合规模经营主体预期的额度大、周期长的林权抵押贷款；巩固现有国有林业担保公司和林权收储机构，加快推动林权收储担保补助，增强林权担保收储发展市场活力，有效化解银行对社会资本的"惜贷、畏贷"等问题；鉴于集体林区的银行网点（农商行、邮储行等）信贷规模小、利率高等现实问题，建议对资金投入大、周期长、回报率较高的林业项目予以政策性贷款，解决中大型林业项目资金流动性不足等突出问题。建立政策性保险体系，覆盖易受自然灾害影响的经济林产品和林下种植养殖等品种，以"经营主体投保+财政补贴"的方式提升一产抗风险能力，实现资管无忧。

福建、江西

集体林改是习近平总书记亲自主导、亲自推动的伟大改革实践，是继家庭联产承包责任制后农村生产关系的又一次深刻调整。为深化集体林改顶层设计，推动金融资本"进山入林"，促进林业高质量发展，2023年5月中下旬，北京大学新结构经济学研究院联合国家林业和草原局发改司、规财司、发展研究中心，赴福建南平邵武市、三明沙县区开展专题调研，并书面调研了江西抚州广昌县、上饶贵溪市。调研组一行深入考察了国有林场、林业企业、农村产权交易中心等单位，广泛与基层财政部门、金融部门、林业部门、金融机构、村社干部、新型经营主体、林业大户等进行了座谈交流，充分听取了基层的声音与意见。现将相关调研情况报告如下。

一、基本情况

（一）森林资源丰富

福建、江西是林业资源大省，两省森林覆盖率均超过60%，福建省林地面积1.32亿亩，占全省面积的71.04%，森林面积1.21亿亩，森林覆盖率65.12%，森林蓄积量8.07亿立方米。江西省林地面积1.562亿亩，占全省面积的62.4%，有林地面积1.356亿亩，占全省林地面积的86.8%，森林覆盖率63.35%，活立木总蓄积量7.09亿立方米。

（二）森林采伐限额使用空间较大

福建省森林采伐限额使用量呈逐年增长趋势，2020—2022年福建省森林采伐限额使用量分别为534.08万立方米、963.65万立方米、1096.48万立方米，分别占森林采伐限额总量的24.57%、43.48%、49.47%；其公益林采伐限额使用量分别为30.40万立方米、93.04万立方米、174.89万立方米，分别占公益林采伐限额总量的12.19%、35.76%、67.21%；其商品林采伐限额使用量分别为503.68万立方米、870.61万立方米、921.59万立方米，分别占商品林采伐限额总量的26.18%、44.51%、47.11%。江西省的森林采伐限额使用量整体偏低，2021年至今的商品林和公益林采伐限额总量分别是4044.35万立方米、1119.81万立方米，使用量分别为

1098.40万立方米、116.58万立方米，分别占27.166%、10.4%。

（三）林业财政收支不匹配

林业对地方经济的贡献和地方支持林业发展存在明显失衡，鹰潭市2021年林业经济产值109.51亿元，占地区GDP比例为9.6%，但2021年全市财政支出林业改革发展资金12751万元，占财政支出比例仅为0.71%。2022年全市林业经济产值113.09亿元，占GDP比例为9.2%，但2022年全市财政支出林业改革发展资金12383.89万元，仅占财政支出比例的0.64%。2020—2022年，邵武市林业税收分别为1.27亿元、1.47亿元、1.30亿元，占地方财政收入比例分别为9.61%、10.41%、10%，但林业支出占地方财政支出比例仅为1%、0.84%、1.04%。沙县区林业税收分别为5481.54万元、6955.39万元、8084.472万元，占地方财政收入比例分别为5.23%、6.63%、7.64%，但林业支出占地方财政支出比例仅为0.98%、0.97%、1.02%。

（四）林业收入占林农收入比例较高

2021年，福建省包括广大林农在内的全省农民人均可支配收入达2.32万元，同比增长11.2%，重点林区林农涉林收入约占总收入的四分之一，林业收入是农村居民可支配收入的重要来源。2022年，邵武市农村居民人均可支配收入为25282元，其中林业收入7584元，占农村居民可支配收入比例为30%。沙县区农村居民人均可支配收入为25983元，其中林业收入8100元，占农村居民可支配收入比例为31.17%。

（五）林业贷款业务发展势头良好

2022年以来，福建全省发放"闽林通"系列普惠林业贷款25.74亿元、受益农户4.63万户，累计发放贷款124.5亿元、受益农户10.22万户。根据不完全统计，2020—2022年，江西省林权抵押贷款余额分别为81.3亿元、107.98亿元、131.17亿元。其中，1年期贷款利率普遍在3.85%~5.5%，中长期贷款利率基本为4.65%~7.85%。目前，短期贷款余额11.9亿元，占9.07%；中期贷款余额73.56亿元，占56.08%；长期贷款余额45.7亿元，占34.84%；不良贷款余额3.47亿元，不良率2.6%；直接抵押贷款余额100.74亿元，联合担保贷款余额30.43亿元，分别占76.8%、23.2%。

二、创新做法

（一）创新林业合作经营机制，盘活绿色资源

当前"均山到户"产生的红利逐步消失，但农户人均林地面积小、林权分散，林业经营碎片化、粗放化，加之林业生产前期投入大、经营周期长、资金回笼慢，导致森林资源难以聚合、资源资产难以变现、社会化资本难以引进等系列问题，制约了林业发展。南平市创新实施"一村一平台""一户一股权""一年一分红""一县一数库"林业合作经营模式，打通碎片化林业资源变现通道，让"绿色资产"有效增值。通过将主伐后的采伐迹地和中龄林纳入"森林生态银行"，开展股份合作，推动林业经济效益倍增，实现林农、村集体、国有林场、政府、社会五方得利。目前已完成合作经营山林面积9.54万亩，涉及83个乡（镇、街道）、230个村，参与农户2.9万户。三明市推广"四共一体"合作经营模式，鼓励乡（镇、街道）和村集体、村民等与国有林场合作，推广股权共有、经营共管、资本共享、收益共盈

的混合所有制林业共享经济模式，根据农户拥有的投资份额，发放股权（股金）凭证，即"林票"，再根据"林票"价值办理"林票"质押贷款。江西省出台促进林地适度规模经营指导意见、林地适度规模经营奖补办法等文件，林地适度规模经营奖补60元/亩（大户、家庭林场最高5万元、专业合作社和企业最高10万元）、示范性新型林业经营补助家庭林场5万元/个、专业合作社10万元/个。

（二）创新林下空间流转机制，盘活林下空间资源

　　江西省资溪县创新林下经济收益权证制度，印发林下经济收益权证管理办法，发放了林下经济收益权证。邵武市创新建立"林下空间流转"机制，盘活林下空间资源，大力发展林下经济，实现零星资源整体化、整体资源货币化。南平市依托"森林生态银行"，探索林下空间流转机制，对符合发展林下经济条件且有流转意愿的林下空间进行存储登记，以乡镇为单位建立林下空间资源数据库。同时，创新发放"林下经营权证"，并推出"福林·林下经营权贷"，破解"林下经济经营主体非林权证持有者，无法在经营过程中获得信贷支持"的问题。目前，南平市共登记存储可利用林下空间面积5万亩，已发放"林下经营权证"12份、涉林地面积5458亩，发放了首笔贷款20万元，为林下空间资源开发，引进金融资本探索了一条新路子。

（三）推动资本化证券化改革，实现林权增益

　　三明市在全国率先开展林票制改革，制发可交易、质押的林票，实现了林农、集体、国有林场三方共赢。目前，三明市已制发林票总额3.86亿元，惠及农民1.72万户。颁发全国首批林业碳票，以林木生长量增量为测算基础并依据计量办法换算成碳减排量，以"票"的形式发给林木所有权人，较好地解决了林业碳汇项目开发周期长、成本高等问题，把空气变成"真金白银"。创新信贷支持国有企业收购国有商品林林权，以林业规模化经营综合收益作为偿债来源，一方面提升地方森林资源的利用效率，增加林业经营收入，另一方面拓宽地方政府融资渠道，增加财政收入。2022年9月以来，邵武市金融、林业、财政、农发行等部门共同推动林权流转贷工作，流转国有商品林林权4.45万亩，共投放2.9亿元贷款，让闲置的林业资源成为增收的林业资产，实现国有林木资产的提质增效和保值增值。抚州成立生态产品（抚州）运营中心，搭建生态产品（抚州）交易平台，开展林权、林业碳汇、湿地占补平衡指标交易，交易额达6000多万元。

（四）创新推广金融产品，扩大绿色融资规模

　　南平市依托"森林生态银行"平台，持续深化政银合作，创新金融产品，以林权为主体，推出"福林·抚育贷""福林·生产贷"；以股权为主体，推出"福林·股权贷"；以林下经营权及作物为主体，推出"福林·林下经营贷"，全市金融机构累计发放绿色金融贷款129笔，金额4.66亿元。三明市开发"福林贷2.0版""益林贷2.0""林票贷"，探索碳资产质押融资等创新金融产品，创新推出"碳易贷""碳票贷"和林业碳汇指数保险等林业金融产品，2022年新增各类林权抵押贷款22.9亿元，全市林业信贷累计达217.65亿元。江西省依托林业金融服务平台大数据，联合建设银行、网商银行推出"林农快贷"和"网商林贷"，联合江西省农信联社在全省范围推出"百福·生态公益林补偿收益权质押贷"。资溪县在全省率先落地"林下经济收益权质押贷""森林赎买抵押贷款""林权补偿收益权质押贷款""百福·碳汇贷""竹产业链贷"。

（五）强化财政支持力度，引来金融源头活水

一是加大财政补贴投入力度。江西省财政逐年增加林业产业项目资金投入力度，提高了油茶、毛竹、森林药材等经济林种植的补助标准。新造高产油茶林由原来的每亩500元提高到1000元，改造油茶低产林由原来的每亩100元提高到400元，并新增设了低效油茶林提升项目，每亩补助200元；毛竹低产低效林从150元/亩提高到300元/亩、毛竹笋用林或笋材两用林从250元/亩提高到500元/亩，新造雷竹笋用林从350元/亩提高到600元/亩，对新建宽度达3米以上的竹林道路，按1.2万元/千米安排补助；森林药材（含香精香料）重点发展补助品种从42种扩大至52种，多年生草本由每亩补助200元提高至每亩补助400元，一年生草本每亩补助由80元提高至每亩补助200元。二是实施林业贷款贴息政策。江西省林业贴息贷款规模由2006年的1.5亿元增加到2022年的33.38亿元，增长了21.25倍。近3年来，为全省林业经营主体提供贷款贴息补助资金1.21亿元，带动105.45亿元贷款投入林业建设。三是实施公益林和商品林政策性保险。由中央、省、市、县四级财政提供保费补贴，其中公益林保险实行100%财政补贴（中央和省级财政各承担50%），商品林保险实行60%财政补贴（中央、省级、县级财政各承担30%、25%、5%）；2021年创新扩大油茶、森林药材地方特色农业保险，实行省、市、县三级财政承担75%保费补贴政策。2022年地方特色保险累计投保面积达968.43万亩，提供风险保障191.15亿元，投保面积和风险保障同比增长超70%。据统计，全省政策性森林保险累计提供风险保障8426.44亿元，累计保费补贴22.33亿元；地方特色农业保险累计保费补贴5.3亿元。福建省实施森林火灾保险，开展设施花卉种植保险试点，全省参保森林面积超过1.1亿亩，参保率超过90%。

（六）优化金融配套服务，提升绿色融资质效

一是建立林权收储担保机制。江西省在全省性林业金融服务平台，以省级大集中的模式建立了全省统一、协同服务和互联互通的平台，实现林业经营主体、中介服务机构、银行保险机构、林业主管部门等线上线下、协同办事、合作风控的业务协同机制，打造形成林业金融服务风险闭环；实现了贷款主体网上申请、林业部门前置审核、银行自主授信、中介执业报告备案、林业部门权限冻结等线上线下协同服务机制。抚州市全市11个县（区）全部建立了林权收储平台，对低产低效的、碎片化的、偏远的、经营不善的、到期无力还款的林地进行收储并统一经营，形成优质"资产包"，再融资再收储，实现"滚动式"发展，为林业规模化打下了扎实的基础。福建省在全省成立50家林权收储机构，为林权抵押贷款提供收储担保服务，累计通过林权收储机构担保的贷款资金量超20亿元，进一步完善了资产评估、森林保险、林权监管、快速处置、收储兜底"五位一体"的风险防控体系，有效防控了林业金融风险。二是深化林木采伐改革，开展人工商品林林权所有者自主确定采伐类型和主伐年龄试点，有效落实林木处置权和收益权。如三明市探索实施采伐蓄积量、年龄、坡度、指标"四个放宽"，即将告知承诺方式审批林农采伐林木蓄积量上限从15立方米提高到30立方米，将集体人工商品林采伐年龄下调一个5年龄级期，对实施小班经营法的坡度由原来的30度以下放宽至35度以下，允许单独编制森林经营方案的经营面积从5000亩以上下调至3000亩以上，进一步落实林农对林木的处置权。三是优化社会化服务，沙县区推动探索"林业资产简易评估方法"，制定《森林资源资产价值简易评估表》，对林权抵押贷款额度不超过100万元的林农（企），由银行参照《森林资源资产价值简易评估表》测算，经双方确认抵押物价值。

沙县区还推出"一评二押三兜底"机制，一评即一套评估体系（评林木价值和林农信用等级），从源头上把控风险；二押即林权抵押和基金担保，为林农贷款增信提额；三兜底即基金、保险和国有收储公司兜底代偿，解决银行后顾之忧，提高放贷积极性。

三、存在的问题

（一）地方财政支持林业发展有限

林业经营面积广大，财政资金却极其有限，难以做到同等条件下的全覆盖。一是林业投资回报周期长，收益见效慢且难以确定，投资压力和投资风险很大。如江西省常规人工造林每亩投资2000~3500元（一般用材林2000元/亩，油茶林3500元/亩），国家每亩仅补助500-1000元，造林主体自身投入过大。二是资金短期化趋向与林业产业长期性投资需求形成尖锐矛盾，建设前期必须依靠政府主导的强力推动来吸引其他资金进入。由于造林项目周期长、回报慢，普遍存在后期资金投入不足问题，导致抚育、管护等措施难以落实，在一定程度上影响了造林的质量。三是目前林业贷款产品单一，普遍以用材林经营思路作抵押贷款，没有细分林种，考虑有些林种进入一定阶段后每年有收益的特点，可开发诸如油茶贷、药材林贷、香料林贷等产品。

（二）开展林权抵押贷款的积极性不高

一是目前抵押林权评估价值低、抵押额多在评估价值的50%以内，削弱林权和林业经营主体申请贷款的积极性。二是涉农信贷产品替代"林权抵押"融资，林权抵押贷款产品由于在办理、风险处置等环节相对其他产品不具优势，导致林权抵押贷款推广难，被其他产品替代的现象比较突出。此外，农行"金穗快农贷"具有网上申贷、免担保纯信用、实行基准利率等优势，极大地满足了林业经营主体和林农的信贷需求，但信贷额度较低，一般不超过50万元。三是尽管《森林法》明确了林权收储担保补助等措施，但国家层面没有相应的资金扶持措施，地方层面实施起来阻力重重，很难落实。

（三）金融支撑林业发展依然不足

林业融资难、融资贵、期限短的问题仍然存在。截至2023年3月底，邵武市农林类贷款余额4.37亿元，其中，林业贷款余额4306.70万元，仅占农林类贷款余额的9.86%。目前金融机构推出的林权贷款以中短期为主，加之林木成本在前期需要投入较多资金，如管护费、林地使用费等，生产销售周期与贷款期限的错配，一定程度上制约了借款人的还款能力。林权抵押贷款是破解林农担保少、融资难问题的有益实践，但在办理林权抵押贷款时，林权评估收费用相对较高（100万以内按8%计收，100万~500万按3.5%计收），在银行业利差不断大幅收窄的现状下，较高的业务成本不利于保护银行机构拓展林权抵押贷款的积极性。

（四）林权权益类产品交易难

三明林票有效整合和优化"碎片化"的林权，打破林业资源流动性差的屏障，吸引更多的社会资本进入林业，是林权权益类产品的创新。但实践中，由于林票主要依赖于政府部门和国有林场企事业单位的扶持，且林票质押贷款政府有一定贴息补贴，贷款风险由国有林场企事业单位兜底，在一定程度上可促进金融机构发放林票质押贷款。但这同时也造成民营主体参与度低，证券化流通性不足。目前，福建沙县农村产权交易中心有限公司线上交易和服务的品种以林权、林产品供销、农林物资采购、土地承包经营权、农业知识产权等实物类产品为主，权益类产品的交易平台还未搭建，林票、林业碳票等生态产品暂不能上线交易，供求信息无法共享，不利于"林票""碳票"资产质押融资工具的推广，难以实现"资产"变"资金"。

（五）支撑林业融资的配套条件有待加强

一是部分林权权属不清，林地资源多由国有林场、村集体、林农和其他林业经营者持有，存在林权产权关系尚未确定或法律、债务纠纷等问题，且部分林权证件因年代久远，林权界限、范围、面积等重要基础信息已不准确，存在地类重叠、权属不清、证地不符等问题，难以办理林权抵押。二是林权流转市场、收储机制建设尚未完善，尚未建立全省统一、规范有序的林权流转平台，流转范围局限性较大。三是风险分散和补偿机制欠缺，目前保险机构大多仅开办森林火灾险业务，一旦发生火灾之外的自然灾害以及人为盗伐等，林木将有可能发生重大损失，加上林木采伐限制等政策因素，使金融机构对林权抵押敬而远之。四是林业政策缺乏稳定预期。林业生产具有长周期性，需要稳定的政策预期，而林业政策却难以做到20、30年不变。如公益林、天然林保护政策的实施，出现了一些商业性经营的林地被划入，相关权益受限，但补偿标准又无法覆盖相应投入的问题。部分地方政府片面追求生态建设，实行全域全封山，长达10年甚至更长时间，但又没有相应补偿，严重打击了经营主体投入林业的信心。

三、政策建议

（一）优化财政支持林业发展政策

林业生产存在无可置疑的正外部性，即使是经营商品林，在经营过程中也能提供涵养水源、清洁空气、森林碳汇等生态环境效益。对林业经营外部效益补偿不足会降低开展林业生产的积极性，进而会影响生态环境效益的最大化发挥。当前，中央林业财政政策集中于生态效益补偿，且补偿标准较低，没有有效覆盖集体林区产业发展的各个环节，形成生态补偿与产业发展互补的财政政策。要加大提升林业产业发展的政策支持力度，重点对经营主体培育、产业园区建设、林业基础设施、国家储备林建设等方面设立财政贴息、政府产业基金、担保风险补偿等优惠政策，扩大林业设施用地审批使用范围，通过适度保障林业设施用地，调动林业生产者的积极性，并给社会资本投入森林经营提供激励。

（二）创新林业投融资机制

继续创新林业金融产品，推出手续简便的林业金融产品。探索林权价值评估标准化建设，提高林权抵押率。创新林业社会融资方式，支持林业龙头企业直接在资本市场上市融资，积极引入保险业长期投资资金，探索林业投保贷一体化运作。推进林权权益类金融产品标准化，完善风险隔离机制，进一步完善林票、碳票交易机制，探索按林业经营年限分段拆分推出不同金融产品，针对传统产权交易市场、资本市场、收藏品市场等不同市场，促进森林"资源"真正变"资产"。

（三）建立规范有序的林权交易市场

林权的价值有赖于清晰、规范、有序的林权，林权权益类产品所对应的底层林业资源是多样的,因此林权明晰是开展林权抵押(质押)贷款的前提和基础,否则可能因为产权不清产生林权纠纷。目前林权尚没有全国统一的流转交易平台,已有平台存在各自为政,自成一家现象。建议逐步出台适合林权类登记、抵押、资产评估等政策,尊重原登记成果,建立适合林业特点的权籍调查,按照原来的登记政策,除工本费外,不收取任何费用,实行一窗口受理,串联办理,真正做到便捷高效、惠民利民。同时,要建立健全森林资源资产评估机制,建设林业评估制度,形成有针对性、可操作和细致完善的评估方法,建立森林资源资产评估信息共享和内控机制,为林权抵押(质押)融资提供有效支撑。

(四) 建立林权收储担保机制

调研中了解到,中信银行福州分行探索金融服务林改新路径,拟由中信集团与福建省政府深入合作,整合地方乡村振兴资金、社会资本,共同出资成立"林业公司"。林业公司与当地大型国有林场、林业龙头企业合作成立平台公司,承担"收储＋经营＋处置"一体化职能,解决金融服务林业过程中风控难、管理难、处置难等问题。通过农村林业专业合作社整合当地林地资源,形成规模林场,参与平台公司林业项目经营,中信银行提供信贷等金融支持,合力推进林业产业化发展,当地政府加大林业基础设施投入。在"四方合作模式"下,经初步测算,平台公司经营用材林投资回报率约为8%,经营竹林投资回报率约为10%,此外还可通过发展林业碳汇、林下经济增加收益。此模式可为国家层面设立"林业银行"提供试点探索。

(五) 推行森林可持续经营试点

以森林可持续经营为主线,以森林抚育经营为重点,以全面推行林长制为推手,坚持和完善分类经营制度,创新管理机制,强化政策协同,发挥示范引领,着力提高森林资源质量。一是建立科学可行的森林经营方案制度。逐步建立按森林经营方案确定的经营措施实施森林抚育,采伐限额保障森林抚育需要;抚育采伐、低产低效林改造要实行"限额五年总控"管理,可调剂使用主伐限额、备用限额。推广林木采伐手机APP,"让数据多跑路,群众少跑路",不断提高效率和质量。二是推动建立有效的森林经营管理决策机制。以森林经营方案为基础,建立各类工程项目实施、生产任务落地、森林采伐等与森林经营方案紧密挂钩机制,切实提高森林经营方案的决策依据和法律地位。三是积极建立推进森林经营工作的保障机制。研究制定与不同类型森林经营相匹配的政策供给、技术标准、差别化投入等保障体系,推进森林经营任务、措施和作业设计及其投资量落地上图,开展经营成效监测与考核评价,建立动态调整机制。

参考文献

奥利弗 E, 威廉姆森, 2001. 王健, 方世建等译. 治理机制 [M]. 北京: 中国社会科学出版社.

奥利弗 E, 威廉姆森, 1985. 资本主义经济制度 [M]. 北京: 商务印书馆.

顾艳红, 2013. 林业合作组织的主体行为与合作机制研究 [D]. 北京: 北京林业大学.

郭翔宇, 2003. 论合作社的定义、价值与原则 [J]. 东北农业大学学报 (社会科学版)(1): 29-32.

何文剑, 张红霄, 汪海燕, 2014. 林权改革、林权结构与农户采伐行为——基于南方集体林区 7 个重点林业县 (市) 林改政策及 415 户农户调查数据 [J]. 中国农村经济 (7): 81-96.

蒋宏飞, 姜雪梅, 2012. 集体林区农户收入不平等状况分析——基于辽宁省林改农户调查数据 [J]. 林业经济 (3): 17-22.

雷显凯, 罗明忠, 2020. 集体林改配套政策对林农林业收入差距的影响——基于分位数回归模型的检验 [J]. 农村经济 (4): 68-75.

刘璨, 于法稳, 2007. 中国南方集体区制度安排的技术效率与消除贫困——以沐川、金寨和遂川 3 县为例 [J]. 中国农村观察 (3): 16-26.

李红, 2018. 生产经营型农民合作社对农业发展与农民收入的影响及对策研究 [D]. 哈尔滨: 东北农业大学.

李武江, 2014. 农业大户和龙头企业领办型农民专业合作社的契约研究——基于交易费用理论的解释 [J]. 嘉兴学院学报, 26(4): 91-97.

梁巧, 白荣荣, 2021. 农民合作社组织规模与绩效的关系探究 [J]. 经济学家 (8): 119-128.

梁巧, 黄祖辉, 2011. 关于合作经济组织研究的理论和分析框架: 一个综述 [J]. 经济学家 (12): 77-85.

刘璨, 2005. 我国南方集体林区主要林业制度安排及绩效分析 [J]. 管理世界 (9): 79-87.

浦徐进, 岳振兴, 2019. 考虑农户信任的"公司 + 农户"型农产品供应链的契约选择 [J]. 软科学, 33(7): 40-46.

丘水林, 靳乐山, 2021. 生态保护红线区人为活动限制补偿标准及其影响因素——以农户受偿意愿为视角 [J]. 中国土地科学, 280(7): 89-97+116.

王文烂, 2008. 福建集体林产权制度改革的公平与效率 [J]. 林业科学 (8): 105-111.

温忠麟，叶宝娟，2014. 中介效应分析：方法和模型发展 [J]. 心理科学进展，22(5): 731-745.

吴曼，赵帮宏，宗义湘，2020. 农业公司与农户契约形式选择行为机制研究——基于水生蔬菜产业的多案例分析 [J]. 农业经济问题 (12): 74-86.

谢晨，王兰会，谢红，2020. 提高效率、维护公平：产权四模式对深化我国集体林权改革的启示 [J]. 北京林业大学学报 (社会科学版), 19(1): 22-30.

徐旭初，吴彬，2010. 治理机制对农民专业合作社绩效的影响：基于浙江省 526 家农民专业合作社的实证分析 [J]. 中国农村经济 (5): 43-55.

徐志刚，张森，邓衡山，等，2011. 社会信任：组织产生、存续和发展的必要条件？——来自中国农民专业合作经济组织发展的经验 [J]. 中国软科学 (1): 47-58+192.

许时蕾，张寒，刘璨，等，2020. 集体林产权制度改革提高了农户营林积极性吗 [J]. 农业技术经济 (8): 117-128.

杨洁，2019. 权利不对等条件下的"农超对接"收益分配 [J]. 农业经济问题 (7): 93-102.

张梅，郭翔宇，2010. 农民专业合作社运营效率：基于黑龙江省调查数据的分析 [J]. 商业研究 (9): 179-184.

郑凤田，阮荣平，2009. 新一轮集体林权改革评价：林地分配平等性视角——基于福建调查的实证研究 [J]. 经济理论与经济管理 (10): 52-59.

周舒敏，2021. 生态功能区转移支付资金管理绩效评价研究 [D]. 长沙：中南林业科技大学 .

仲丹丹，2016. 海林林业局发展林下经济实证研究 [D]. 哈尔滨：东北农业大学 .

朱丽娟，顾冬冬，张扬，等，2021. 服务外包、契约选择对小麦生产技术效率的影响——基于河南省 100 个村 3305 个农户的实证分析 [J]. 中国农业大学学报 , 26(9): 231-243.

ALBERS H J, ROZELLE S D, LI G, 1988. China's forests under economic reform: timber supplies, environmental protection, and rural resource access[J]. Contemporary Economic Policy(16): 22-23.

BESLEY T, CASE A, 1995. Incumbent behavior: vote-seeking, tax-setting, and yardstick competition[J]. American Economic Review(85): 25-45.

BOHN H, DEACON R T, 2000. Ownership Risk, Investment and the Use of Natural Resources[J]. The American Economic Review, 90(3): 526-529.

BUCHANAN J M, YOON Y J, 2000. Symmetric tragedues: commons and anticommons[J]. Journal of Law and Economics, 43(1): 1-13.

CADOT J, UGAGLIA A A, BONNEFOUS B, et al., 2016. The horizon problem in Bordeaux wine cooperatives[J]. International Journal of Entrepreneurship and Small Business, 29(4): 651.

CARTER M R, YAO Y, 1998. Specialization without regret: Transfer rights, agricultural productivity, and Investment in an Industrializing Economy (Vol. 2202)[J]. World Bank. Washington D.C.

COLEMAN E A, LIEBERTZ S S, 2014. Property Rights and Forest Commons[J]. Journal of Policy Analysis and Management, 33(3): 649-668.

HARKNESS J, 1998. Recent trends in forestry and conservation of biodiversity in China[J]. The China Quarterly(156): 911-934.

HELLER M A, 1998. The tragedy of the anticommons: property in the transition from Marx to markets[J]. William Davidson Institute Working Papers, 111(3): 621-688.

LAARMAN J G, 1995. Ecological Resistance Movements: The Global Emergence of Radical and Popular Environmentalism. Edited by Bron Raymond Taylor [M]. Albany: State University of New York Press.

LARSON A M, BARRY D, RAM G D, et al., 2010. Forests for People: Community Rights and Forest Tenure Reform[M]. London: Taylor and Francis.

LIU C, LIU H, WANG S, 2017. Has China's new round of collective forest reforms caused an increase in the use of productive forest inputs[J]. Land Use Policy(64): 492-510.

LIU C, YIN R, 2004. Poverty dynamics revealed in production performance and forestry in improving livelihoods: the case of West Anhui, China[J]. Forest Policy and Economics, 6(3): 391-401.

LIU D, 2001. Tenure and management of non-state forests in China since 1950: A historical review[J]. Environmental History(6): 239-263.

LIU P, YIN R, LI H, 2016. China's forest tenure reform and institutional change at a crossroads[J]. Forest Policy and Economics(72): 92-98.

MENDELSOHN R, 1994. Property Rights and Tropical Deforestation[R]. Oxford Economic Papers, 46.

PEARSE P H, 1988. Property-Rights and the development of natural resource policies in Canada[J]. Canadian public policy, 14.

PLACE F, OTSUKA K, 2000. The role of tenure in the management of trees at the community level: theoretical and empirical analyses from Uganda and Malawi[J]. CAPRi working papers.

REN Y, KUULUVAINEN J, YANG L, et al., 2018. Property Rights, Village Political System, and Forestry Investment: Evidence from China's Collective Forest Tenure Reform[J]. Forests(9): 541-559.

ROBINSON B E, HOLLAND M B, NAUGHTON-TREVES L, 2014. Does secure land tenure save forests? A meta-analysis of relationship between land tenure and tropical deforestation[J]. Global Environmental Change(29): 281-293.

SHEN Y, ZHANG Y, XU X, et al., 2009. Towards decentralization and privatization of China's collective forestlands: a study of 9 villages in 3 provinces[J]. International Forestry Review, 11(4): 28-35.

SONG Y, WANG G, BURCH W R, et al., 2004. From Innovation to Adaptation: Lessons from 20 Years of the SHIFT Forest Management System in Sanming, China[J]. Forest Ecology and Management, 191(1-3): 225-238.

WALLACE T D, NEWMAN D H, 1986. Measurement of ownership effects on forest productivity in North Carolina from 1974 to 1984[J]. Canadian Journal of Forest Research, 16(4): 733-738.

WANG G, INNES J L, LEI J, et al., 2007. China's forestry reforms[J]. Science(318): 1556-1557.

XU X, ZHANG Y, LI L, et al., 2013. Markets for forestland use rights: A case study in Southern China[J]. Land Use Policy(30): 560-569.

YIN R, NEWMAN D, 1997. Impacts of rural reform: the case of the Chinese forest sector[J]. Environment and Development Economics, 2(3): 289-303.